La poésie

PAR

François-Xavier Hervouët

Ancien élève de l'École normale supérieure
Agrégé de Lettres modernes
Enseignant à l'Université de Paris IV - Sorbonne

Presses Universitaires de France

COLLECTION MAJOR
DIRIGÉE PAR PASCAL GAUCHON
CODIRIGÉE PAR ÉRIC COBAST

Remerciements :

à M. Michel Bourlet, Pierre Miscévic, Patrice Soler.

Remerciements tout particuliers à :

Isabelle et Séverine de Ren, Dimitri El Murr,
Julien Masson, Mathieu Meyrignac.

ISBN 2 13 053474 0

Dépôt légal — 1re édition : 2003, août

6, avenue Reille, 75014 Paris

Sommaire

Avant-propos

> Le tout est de tout dire, et je manque de mots
> Et je manque de temps et je manque d'audace
> Je rêve et je dévide au hasard mes images
> J'ai mal vécu et mal appris à parler clair.
>
> Paul Éluard,
> *Pouvoir tout dire* (1951).

C'est bien à une aventure de la connaissance que nous convie la poésie : connaissance de soi, connaissance du monde, les deux modalités n'étant qu'autant d'aspects d'un même rapport à l'objet, une attention particulière au monde subjectif ou objectif. Connaissance certes, mais aussi expression, pouvoir de transformer en or tout ce que la parole alors consacrée touche : « Tu m'as donné ta boue et j'en ai fait de l'or », dira Baudelaire. Chanter la beauté du mal, c'est bien, pour le poète, transfigurer la trivialité du monde, saisir dans l'immédiateté sensible les prémices d'un rapport poétique au monde. La poésie est donc, avant tout, cette expérience d'un rapport sensible aux choses, rapport particulier que ne peut dire un autre mode d'expression. Quand Aristote, dans la *Poétique,* définit la *poïesis* (faire, création, fabrication), il ne vise pas ce que nous entendons aujourd'hui par « poème », mais bien une attitude créatrice face au monde – soit la littérature, sans distinction de genres (théâtre, roman...). Remonter aux sources de la poésie, c'est donc désapprendre les catégorisations traditionnelles léguées par les manuels scolaires, les traités sommaires de la vulgarisation cantonnant les modes d'expression du réel dans des cases préformées.

Appréhender la poésie, c'est en effet, avant tout, rendre compte d'une hétérogénéité, une incapacité – il faut tout de suite l'avouer – à « tout dire ». Art protéiforme, il ne se laisse pas enfermer dans une catégorisation générique hâtive, qui voudrait, tel Monsieur Jourdain dans *Le Bourgeois Gentilhomme* de Molière, que tout ce qui n'est pas de la prose soit de la poésie. Il existe en effet du théâtre en vers (l'ensemble des tragédies, et bien des comédies) et de la poésie en prose. La mixité de la forme poétique semble donc interdire une approche catégorielle et formelle du phénomène poétique. Pour autant, rendre compte des critères formels de la poésie reste une première étape, capitale, dans l'appréhension de la notion. Étape seulement. De même, voir dans la poésie une capacité à représenter un référent réel ou imaginaire est tout aussi partiel : depuis le XIXe siècle s'est ouverte une crise de la représentation, une faille signifiante au sein de la *mimésis* : l'art poétique fait alors signe vers la réflexivité du texte, la manière dont le texte se prend comme objet, pour bien des théoriciens structuralistes. Mais, là encore, bien des poèmes échappent à cette classification. Faut-il alors y voir un rapport particulier à la langue ? Y aurait-il une manière poétique de dire les choses et, au contraire, une manière prosaïque ? Mais bien des pages romanesques offrent un travail sur le langage (allitération, assonance, rythme...) proche du travail prétendument poétique. De l'un à l'autre, primerait, là encore, le critérium discutable de la brièveté, cet art de la densité cher au sonnet, forme par excellence d'une tradition poétique.

La poésie est sans doute alors à définir comme effort pour construire un langage particulier, dans le cadre d'une forme intentionnelle : motiver l'arbitraire du signe. C'est remonter aux origines orphiques du poème, *Carmen* qui charme et subjugue comme nul autre langage.

Faute de pouvoir nous aussi « tout dire », nous avons mis l'accent sur la matérialité du texte poétique. Se poser la simple question : Qu'est-ce qui distingue la prose de la poésie ?, conduit en effet à une définition du phénomène comme primat du langage sur les structures thématiques.

Pour autant, nous n'avons pas totalement renoncé à une approche « thématique » de la poésie, lui réservant sa pleine place dans les deuxième et troisième parties de cet ouvrage. Mieux vaut en effet, à nos yeux, analyser précisément la manière dont telle vision de l'activité poétique épouse une forme singulière, sauf à catégoriser de manière trop générale – impertinente sans doute – ces thèmes ; difficile d'autre part, dans cette optique, de distinguer la prose de la poésie.

Tel est l'enjeu principal de cet ouvrage : tenter d'établir une distinction générique – qualifier l'essence de la poésie, plus que ses épiphénomènes ; saisir dans sa substance intime le poème comme lieu des contradictions, structure close ouverte à tous les possibles, dans la cohérence d'une distinction double – entre prose et poésie, entre poème et poésie.

Première partie

Le cours

1

Le poème et ses formes

Longtemps l'art poétique a reposé sur le respect d'un certain nombre de règles formelles, si bien que le poème et le théâtre en vers, durant trois siècles (du XVIe au XIXe siècle environ), ont évolué dans le cadre étroit de moules préformés. Les traités de versification sont légion, énumérant un nombre plus ou moins grand et contraignant de « règles » susceptibles de régir l'écriture poétique : c'est Corneille se pliant aux principes de l'Académie, ou Racine, disciple du P. Bouhours. Ces rhétoriqueurs, figures du grammairien-théoricien moderne, tel l'abbé Batteux avec ses *Principes de Littérature* (1764), construisent alors le poème comme le plus haut point de l'*artifex* littéraire : la métrique, la prosodie, les rimes et l'agencement strophique définissent l'objet poétique comme singularité, dans l'appréhension à la fois sonore et visuelle d'une différence générique et mimétique : l'artifice, au sens étymologique, préside bien davantage que pour le romanesque à la création poétique. Ainsi Fontenelle (1657-1737), dans son traité *Sur la poésie en général,* déclare-t-il que « toute poésie ajoute aux règles générales de la langue d'un peuple de certaines règles particulières qui la rendent difficile à parler », c'est-à-dire que « la prose est constamment le langage naturel, et la Poésie n'en est qu'un artificiel ». C'est ouvrir la voie à une critique du poétique au nom du naturel.

Ces règles ou usages permettent non seulement une expression que l'on qualifierait un peu rapidement d'esthétique, dans la recherche constante de la forme la plus adéquate à l'ontologie poétique, mais aussi une définition du processus poétique comme irréductible aux différentes catégorisations génériques. Définir la poésie comme respect de contraintes formelles permet donc de rendre compte à un premier niveau d'une différence essentielle. Le poème, actualisation du poétique, s'il n'est pas réductible à la notion de forme (voir chap. 6 et 7), possède néanmoins un certain nombre de caractéristiques identifiantes, tant dans le respect d'une poétique classique que dans les explorations contemporaines, qui visent précisément à constituer comme enjeu poétique le rapport entre l'objet du discours poétique et la forme de ce discours. Pas de rupture, donc, entre le cadre du poème classique et romantique d'une part, et l'explosion des formes au XXe siècle d'autre part, dès lors que l'on considère cette explosion comme recherche sur une adéquation plus étroite du langage à son objet, tentative spéculaire pour construire le poème comme « autoréférentiel ».

La matière poétique, dans l'agencement de ses formes sur la page, les associations rythmiques et phoniques qu'elle autorise, détermine un objet – le poème – dont la structure est close. Cette clôture de l'objet « poème » dans un réseau associatif étroit permet, par-delà le problème des formes poétiques classiques (sonnet, ballade...), une première appréhension de la poésie comme travail particulier sur la matière langagière et comme conquête sur la blancheur spéculaire de la page :

> C'est en effet une des idées directrices de ces analyses qu'un vers, une strophe, un poème constituent, chacun pour sa part, un système aux éléments solidaires, fondé sur des rapports perceptibles et formant, chacun à sa manière, « une structure où tout se tient ».
>
> Jean Mazaleyrat, *Éléments de métrique française,* p. 7-8.

Cette clôture du texte poétique n'est certes pas spécifique au genre, mais la brièveté ou tout au moins l'esthétique fragmentaire rend le lecteur particulièrement sensible au miroitement des procédés stylistiques, cette réflexion de la partie sur le tout. Par ailleurs, si l'attention à de tels procédés est possible dans le cadre d'une forme brève, elle devient pour le moins problématique lorsqu'il s'agit d'appliquer de telles analyses à l'ensemble d'un roman.

S'il est nécessaire, pour la clarté de l'exposé, de dissocier ces différents éléments, il faut ainsi garder à l'esprit que ces procédés stylistiques ne prennent leur sens que dans le rapport qu'ils entretiennent les uns avec les autres, rapport qui détermine sans doute davantage une dialectique de l'objet poétique qu'une connaissance objective :

> L'équivoque de toute poétique, c'est qu'elle est à la fois cadre, structure vide et valeur, analyse et synthèse, fait et jugement du fait. Elle n'a de sens que si elle dépasse les frontières qui lui sont posées. Elle est à la fois virtuelle et actuelle, mais elle hésite entre toutes ses actualisations possibles et se laisse finalement guider dans son choix par des considérations extra-techniques. Ce n'est pas en refusant l'équivoque qu'on construira une poétique ; au contraire, elle doit si possible faire partie intégrante du système. Il s'agit de créer une « poétique équivoque », une poétique en mouvement, sensible aux oscillations subtiles, aux transitions curieuses, une poétique qui décrit, explique, sans tenter, ce faisant, de réduire l'irréductible.
>
> A. Kibédi-Varga, *Les constantes du poème,* p. 7.

Comment différencier un texte en prose d'un texte poétique ? Pour simple que paraisse cette question, elle engage déjà une définition de la poésie comme écart par rapport à la prose : c'est rendre compte d'un fait de lecture – la distinction spontanée que nous établissons entre prose et poésie. Si l'analyse synchronique du fait poétique est largement illusoire, reste à déterminer un certain nombre de constantes susceptibles de construire l'objet poétique dans une analyse synthétique, c'est-à-dire de rendre compte de cette expérience très commune : comment se fait-il que nous ne fassions pas spontanément difficulté à considérer à la fois tel texte de Du Bellay ou Malherbe, Apollinaire ou du Bouchet comme poème, alors que leur appréhension formelle est radicalement différente ? Sans doute parce que le critère essentiel du fait poétique est avant tout d'ordre sonore :

> La lecture intérieure est, à mon avis, rigoureusement la même que la lecture comportant le son, la parole, dit Pierre-Jean Jouve. Car la lecture intérieure ne peut pas ne pas ajouter aux mots organisés métriquement leur image sonore.
>
> Jacques Charpier, *Enquête sur la diction poétique.*

Oublier que le poème est d'abord un objet sonore, c'est passer sous silence des siècles de pratique littéraire – la lecture à haute voix – et méconnaître la réalité de la lecture intérieure. Pierre Reverdy dit ainsi que « ce n'est pas au poète qui écrit de parler, mais à ceux qui le lisent » (*En vrac,* p. 54).

La typographie ne trouve en effet son sens « poétique » que dans un certain rapport avec la perception de l'accentuation du texte. La perception visuelle des séquences phrastiques sur la page impose une première vision du texte comme prose ou poésie. Ainsi tel poème d'André du Bouchet :

et c'
est
par les descentes
qu'
il a
fallu

L'ajour, « Le surcroît ».

Ici, c'est de la disposition typographique, dislocation du rapport spontané entre syntaxe et graphie, que naît le concept opératoire de poétique entendu comme agencement des mots sur la page, qui diverge de la disposition « naturelle ». Cette notion d'écart par rapport à une norme que représente la page d'un roman permet donc de rassembler sous une même étiquette catégorielle à la fois le sonnet, les tragédies de Racine et les *Calligrammes* d'Apollinaire. À ce premier niveau, relève du genre poétique tout ce qui est porteur d'un agencement spatial particulier, tout ce qui brise l'unité entre structure grammaticale et structure graphique. Si, comme l'affirme Genette, « le langage s'*espace* afin que l'espace, en lui, devenu langage, se parle et s'écrive » (*Figures I,* « Espace et langage »), il faut considérer la poétique comme effort pour imprimer à la forme même de l'écriture une spatialisation signifiante. Tel est un des enjeux du *Coup de dés* :

> Le papier intervient chaque fois qu'une image, d'elle-même, cesse ou rentre, acceptant la succession d'autres et, comme il ne s'agit pas, ainsi que toujours, de traits sonores réguliers ou vers – plutôt, de subdivisions prismatiques de l'Idée, l'instant de paraître et que dure leur concours, dans quelque mise en scène spirituelle exacte, c'est à des places variables, près ou loin du fil conducteur latent, en raison de la vraisemblance, que s'impose le texte.

Stéphane Mallarmé, « Observation relative au poème *Un coup de dés jamais n'abolira le Hasard* », La Pléiade, p. 391.

Pour autant, ce travail de spatialisation de la parole poétique n'est que le procédé le plus apparent d'un usage spécifique de la matière sonore. C'est ainsi que Julien Gracq analyse le style d'André Breton :

> On s'explique mal les particularités si visibles de son style si l'on ne partage pas sa certitude que la pensée est quelque chose qui agit par un éveil de sympathie beaucoup plus que par l'appel à une contrainte logique – et qu'en tant qu'influx dont la valeur de choc est inséparable de son mouvement, la pensée est *quelque chose qui demande à être mimé plutôt qu'exprimé.* Le sentiment de *présence* extraordinaire que nous restitue une page de Breton tient à l'art d'un écrivain qu'a hanté plus que tout autre, consciemment ou inconsciemment, ce difficile problème : rendre à l'écriture la haute valeur mimétique, le très riche registre d'intonations et de gestes, le trésor d'inflexions, la force communicative électrisante du langage de « celui qui parle ». L'évolution de son style nous retrace avant tout les phases de la conquête sur la typographie d'un *ton de voix* dont la force d'évocation le subjugue au point que de son meilleur ami, de celui dont l'*esprit* semble s'être transfusé en Breton d'une manière presque inquiétante, il a pu dire, précisément de façon significative : « Voici Jacques Vaché, le *ton de voix.* »

Julien Gracq, *André Breton,* « D'une certaine manière de poser la voix ».

On ne lit pas un texte poétique de la même manière qu'un roman, ni même qu'une pièce de théâtre : théoriquement, rien ne nous interdit de lire un poème de la même manière que nous lisons un texte en prose, mais une telle lecture revient à nier le poème comme objet spécifique, le nier et le manquer en le « ravalant à une conversation futile. [...] Tout langage a sa convention poétique plus stable dans le temps et dans l'espace que l'usage pratique ou la mode » (J. Grosjean, *Enquête sur la diction poétique*).

Cette manière d'écrire non commune est faite de détours, retours et rebours, acheminement et rappel. Telle est bien la notion de rythme en poésie : le mot, pour Valéry, une fois « compris », s'abolit dans la prose, alors qu'il demeure et se répète en poésie. La poésie est alors art de la répétition, ce que Kibédi-Varga nomme le « rappel » :

> Le rappel est la fixation, la réaffirmation d'une chose passée, dans le présent, dans le moment. Ce moment ne se charge de contenu que grâce à ce qui est derrière lui. Le moment seul ne suffit donc pas ; c'est le mouvement, conduisant d'un moment à un autre, qui établit le contact nécessaire et qui permet par là de charger le moment et d'aboutir au rappel. Celui-ci n'est pas dans le mouvement, mais il est impossible, inexistant sans le mouvement. Ce sont à la fois ces deux éléments, le mouvement continuellement ralenti par le rappel et le rappel continuellement effacé par le mouvement, qui constituent le rythme (*op. cit.*, p. 14).

Ainsi, pour nombre de poètes, l'art poétique est comparable à la danse, alors que le romanesque tient de la marche : « Le poète est, en quelque sorte, au prosateur ce qu'est le danseur à l'homme qui marche » (Condillac, *Traité de l'art d'écrire,* p. 328).

C'est donc bien cette notion de rythme qui permet de rendre compte d'une première frontière entre prose et poésie :

> Dans les vers, c'est la *résonance* qui importe. Le langage en tant que résonance (et l'on croit entendre à l'extrême de la résonance renaître sa cause).
>
> Dans la prose, c'est le déplacement.
>
> Paul Valéry, *Poésie,* Gallimard, « Poésie », p. 110.

Le rythme

La notion de rythme en poésie obéit aux règles phonologiques de l'accentuation : en français, « tout mot non proclitique ou enclitique, c'est-à-dire non appuyé phonétiquement sur le suivant ou le précédent, porte un accent sur sa dernière voyelle, ou sur l'avant-dernière si la dernière est muette » (J. Mazaleyrat, *op. cit.*, p. 12) : l'accent en français porte donc sur la dernière voyelle dite « stable » (non muette) d'un mot ou d'un groupe de mots. Ainsi dans les lexèmes suivants :

Parler, enfance

L'accentuation n'est, bien entendue, pas une règle absolue ; elle dépend étroitement de la grammaire phrastique et de l'interprétation que l'on souhaite donner à tel ou tel syntagme. Enfin, la cohérence accentuelle ne peut guère dépasser un ensemble de 4 ou 5 syllabes.

La notion de rythme de la phrase est donc fondée sur la perception d'une **« série de rapports entre les nombres syllabiques de groupes délimités par leurs accents** » (*ibid.*, p. 14).

Dans ce vers célébrissime de Racine (*Phèdre*, acte I, scène 3) :

Je le vis,^{3} / je rougis,^{3} / je pâlis^{3} / à sa vue^{3}

le sentiment de régularité provient de la récurrence identique des accents toutes les trois syllabes. Cette récurrence accentuelle conditionne ce que l'on appelle l'isosyllabisme du vers français, c'est-à-dire la récurrence dans une même phrase ou membre de phrase d'un même nombre de syllabes.

Le principal apport d'une poétique conçue comme dérivatif du rythme est la mise en valeur de la non-linéarité du langage poétique : le mot trouve un écho dans le prolongement phonique et accentuel du mot suivant ; l'expression poétique résiste alors au temps, elle est du « temps coagulé » (Gusdorf), ce qui aura une incidence considérable sur la notion même de langage poétique.

2

La versification

L'analyse accentuelle permet donc de définir une spécificité de la poésie par rapport à la prose : un usage répétitif et non linéaire des phonèmes et morphèmes, c'est-à-dire « une série cohérente de mesures liées entre elles par leurs rapports » (J. Mazaleyrat, *op. cit.,* p. 15). Cette série cohérente est elle-même définie par la récurrence d'un même rythme, le retour régulier de l'accent que détermine la prononciation. Ainsi, dans le vers de *Phèdre* :

/ / / /

Je le vis, / je rougis, / je pâlis / à sa vue

3 3 3 3

les quatre accents, placés de trois en trois syllabes, conditionnent une répétition qui, ici exactement proportionnée, donne naissance à un rythme régulier, c'est-à-dire à un vers.

L'analyse accentuelle, à ce stade, ne permet pas néanmoins de rendre compte de la différence entre prose et poésie : la cohérence des ensembles rythmiques peut très bien se retrouver en prose, et se nommer vers. C'est à dessein que Mazaleyrat prend pour exemple cette phrase de Chateaubriand :

Le désert / déroulait / maintenant / devant nous / ses solitud(es) /

3 3 3 3 4

démesur*ée*s

4

Les quatre groupes rythmiques de trois syllabes forment très exactement ce qu'il convient d'appeler un alexandrin, soit deux ensembles 6//6, et les deux derniers groupes un octosyllabe, soit deux ensembles 4//4. Peut donc être conçu et perçu comme vers, ou mètre, tout groupement cohérent, dont la structure rythmique présente une répétition marquée. Le vers n'est pas, à ce stade, une notion qui appartient de manière exclusive à la sphère du poétique. Guillaume Apollinaire se jouera précisément de l'accoutumance culturelle comme critérium du vers dans son poème « Chantre » *(Alcools),* composé exclusivement du vers suivant :

Et l'unique / cordeau // des trompettes / marines
4 2 4 2

I. Du vers

La notion de vers est alors le siège d'une ambiguïté remarquable : le vers ou mètre est dans la poétique traditionnelle l'élément constitutif du poème, la marque de l'affiliation d'un texte au genre. Les traités d'art poétique « classique » se fondent très largement sur l'adéquation entre poésie et versification, que seule l'apparition du poème en prose avec *Gaspard de la nuit* d'Aloysius Bertrand puis le *Spleen de Paris* de Baudelaire remettront en cause. Il joue un rôle de discriminant entre la prose et la poésie :

> Tout ce qui n'est point prose est vers ; et tout ce qui n'est point vers est prose.
>
> Molière, *Le Bourgeois gentilhomme,* acte II, scène 4.

Derrière l'ironie moliéresque contre le bourgeois prétentieux et ignare, il faut entendre une dichotomie générique fondamentale. Néanmoins, cette conception classique du vers est susceptible de s'appliquer avec une égale pertinence à la prose.

Si l'on considère souvent le vers comme unité poétique minimale, susceptible de définir une affiliation de tel texte au genre, pris isolément, telle phrase ou tel membre phrastique ne sauraient constituer à proprement parler un vers au sens conventionnel du terme. Ainsi, la définition que Théodore de Banville donne du vers, dans son *Petit traité de poésie française,* si elle met l'accent sur la structure syllabique et le rythme du vers, fonde la perception de la singularité poétique sur la rime, non sur le vers en lui-même. Pour lui, le vers est un « assemblage d'un certain nombre régulier de syllabes, coupé, dans certaines espèces de vers, par un repos qui se nomme césure, et toujours terminé par un son qui ne peut exister à la fin d'un vers sans se trouver reproduit à la fin d'un autre ou de plusieurs autres vers et dont le retour se nomme la rime ».

De même, la définition que donne Jean Mazaleyrat, si elle abandonne la notion de rime, reste pour nous ambiguë :

> Le vers est « un système de mesures rythmiques fondé sur une série de rapports perceptibles des parties entre elles et des parties au tout. »
>
> Jean Mazaleyrat, *Éléments de métrique française,* p. 16 et 18.

En revanche, si c'est le retour du vers et non celui de la rime d'un vers à l'autre qui déclenche l'homologie fondatrice du sentiment poétique, une poétique du vers devient alors possible. Par « système de mesures rythmiques », il faut donc entendre un ensemble de plusieurs vers : l'unité de mesure du vers n'est pas le mètre mais un ensemble minimal de deux vers. Pris isolément dans un réseau prosaïque, tel « vers » n'en est pas un *stricto sensu.* C'est du retour du même nombre de syllabes sur au moins deux vers que naît l'objet « poème ». Structure minimale donc, elle est fondée sur le trope de la répétition : la notion de rythme, c'est-à-dire de rapport entre différents groupes syllabiques déterminés par la perception des accents phoniques, détermine la structure du vers :

> En vers, la limite de vers et la limite syntaxique peuvent ne pas coïncider ; en prose, même réglée par le décompte, cela est

impossible : seule la limite syntaxique intervient, et c'est elle qui joue un rôle pour la définition d'une barre comme dernière, première ou ordinaire. Il en va de même, *mutatis mutandis,* pour la prose métrique. En bref, il y a vers dès qu'il y a possibilité d'enjambement.

Ni le décompte des barres, ni, dans les langues où elle serait pertinente, la discrimination des longues et des brèves, ni l'égalité des séquences, ni la rime ne sont des critères distinctifs par rapport à celui-là. On comprend alors l'importance du blanc typographique : il n'est pas une marque conventionnelle, mais le signal de l'enjambement possible, et parfois effectif. C'est par ce que le blanc signale, et non par le blanc lui-même, que sont vers le vers libre et le verset claudélien.

L'enjambement, c'est-à-dire la non-coïncidence des limites syntaxiques et des limites phonologiquement pertinentes dans le vers – et, par là, le réajustement poétique qui détermine cette non-coïncidence, tels sont les universels de substance qui caractérisent les données poétiques.

Jean-Claude Milner, *Ordre et raisons de la langue,* « Réflexions sur le fonctionnement du vers français », p. 301.

Benoît de Cornulier, dans son *Art poétique,* insiste lui aussi sur cette unité plurielle du vers : « Ce qui est métrique n'est donc pas *un* vers mais *des* vers » (p. 21). Le vers est alors une structure externe et non interne, qui ouvre sur la notion de poème ou, tout au moins, de strophe comme unité signifiante : la pluralité du vers est bien la condition du poème versifié.
Soit ces deux ensembles de vers :

Sur la branche d'un arbre était en sentinelle
Un vieux Coq adroit et matois.
« Frère, dit un renard adoucissant sa voix,
Nous ne sommes plus en querelle :
Paix générale cette fois.
Je viens te l'annoncer ; descends que je t'embrasse ;
Ne me retarde point de grâce [...] »

Jean de la Fontaine, *Fables,* « Le coq et le renard ».

Assis sur un fagot, une pipe à la main,
Tristement accoudé contre une cheminée,
Les yeux fixés vers terre, et l'âme mutinée,
Je songe aux cruautés de mon sort inhumain.

Saint-Amant.

L'isosyllabisme est ici la condition de la perception d'une phrase ou d'un membre phrastique comme vers : chez La Fontaine, l'alternance entre groupes de 12 syllabes (6//6) et groupes de 8 syllabes (5//3) définit un principe de récurrence rythmique qui fonde la perception du vers. Chez Saint-Amant, seule l'égalité et la récurrence permettent de parler de vers : pris isolément, le premier alexandrin : « Assis sur un fagot, une pipe à la main » (6//6), pourrait fort bien appartenir à tel ou tel texte descriptif en prose. Ici, la perception du rapport entre les mesures rythmiques de ces syntagmes ne suffit pas pour parler de vers ; seule la récurrence à l'identique fonde la perception de la prosodie. De même, la disposition typographique et les rimes (voir aussi les ch. 3 et 4) aident à la reconnaissance : le passage régulier à la ligne et la répétition des morphèmes [ain] et [ée] participent également de la récurrence du même, constitutive du discours poétique. C'est bien ainsi qu'il faut comprendre la définition de Mazaleyrat : le « système de mesures rythmiques » dépasse le cadre du vers pour désigner un ensemble pluriel.

Ainsi, la poésie, définie ici comme mise en œuvre d'ensemble de procédés prosodiques, suppose un usage singulier de la langue : la linéarité du discours prosaïque s'oppose à la répétition des mêmes structures rythmiques, fondatrice du sentiment poétique.

II. La prosodie

C'est de l'agencement des vers entre eux que peut donc naître une première prise en compte de l'objet poétique dans sa singularité générique : objet singulier car non conforme à l'usage « habituel » de la langue et de l'écriture, il dit et manifeste un travail spécifique sur la matérialité graphique, phonique et rythmique du discours. C'est de ce travail vu comme *artifex* que la conception de la poésie comme plus haut point de la pyramide des genres littéraires découle, dans nombre de traités.

Ainsi, dans « L'Art », Théophile Gautier met l'accent sur le travail du poète sur la matière poétique : tel un sculpteur, il apprivoise son objet par les exigences formelles qu'il se donne – la condition d'une immortalité toute minérale.

Oui, l'œuvre sort plus belle
D'une forme au travail
    Rebelle,
Vers, marbre, onyx, émail.

Point de contraintes fausses !
Mais que pour marcher droit
    Tu chausses,
Muse, un cothurne étroit.

[...]
Tout passe. – L'art robuste
Seul a l'éternité,
    Le buste
Survit à la cité.

[...]
Les dieux eux-mêmes meurent,
Mais les vers souverains
    Demeurent
Plus forts que les airains.

Sculpte, lime, ciselle ;
Que ton rêve flottant
    Se scelle
Dans le bloc résistant !

Émaux et camées.

Ainsi, la prosodie est la prise en compte des règles afférentes à la métrique, que ce soit l'analyse du nombre de syllabes, de leur nature, ou de leur accentuation. Elle englobe la notion de rythme à laquelle elle renvoie : la disposition et la récurrence des phonèmes au sein d'un ensemble rythmique appelé vers.

► Versification et nombre de syllabes : les différents mètres.

Un vers est *le plus court* poème possible. Si donc on analyse *un vers* (isolable) on y trouvera les traits essentiels du poème quant à la durée.

Or l'unité *vers* a un maximum. Il est clair que c'est le nombre d'impressions auditives successives au-delà duquel la combinaison de ces éléments ne se fait plus, par évanouissement des premiers.

[...]

Si on applique ceci au Poème, on trouve donc des conditions de *conservation* qui sont imposées par la physiologie de l'esprit – les lois de la sensibilité, ou si l'on veut de la *mémoire continue*.

Mais on peut étendre cette propriété essentielle et développer cette conservation de l'unité au moyen de répétitions – d'où le réglage des vers, l'identité des rythmes, les rimes, refrains, allitérations. Toute la technique poétique est une organisation de la *répétition* – utilisée, rendue consciente – volontaire, imposée, préétablie, en vue de l'*unité*.

Paul Valéry, *Poésie,* Gallimard,
« Poésie », p. 148.

Pour Valéry, il s'agit donc de déterminer le nombre de syllabes adéquat à la récollection du tout : la structure du vers est étroitement liée à la mémoire du lecteur. La versification est ainsi tributaire de la « loi des huit syllabes » : « En français, au-delà de huit, le nombre syllabique exact est inaccessible à la perception » (Benoît de Cornulier, *Art poétique*). Ainsi, tout vers qui comporte un nombre de syllabes supérieur à huit est perçu comme un ensemble de deux « hémistiches ». Ce nombre maximum détermine donc deux grands types de vers : les vers simples (jusqu'à huit syllabes) et les vers complexes (au-delà de huit syllabes). Ces derniers comportent une césure entre leurs deux hémistiches, c'est-à-dire une pause.

Hémistiche et césure

« L'hémistiche est, dans une structure binaire, le membre rythmique de détail ou d'ensemble dont la syllabe tonique porte l'un des deux accents majeurs sur lesquels s'articule le système. »

J. Mazaleyrat, *op. cit.*, p. 18.

La césure, appelée parfois « coupe », est « le point où, dans un système binaire, se fait le départ entre deux groupements syllabiques constitutifs du vers ».

(*Ibid.*, p. 141).

Soit le vers suivant de Malherbe (« Consolation à Monsieur du Perier ») :

/ /
Et rose elle a vécu // ce que vivent les roses

Ici chaque hémistiche se clôt par un accent tonique ; chaque hémistiche correspond à une proposition grammaticale. Ainsi, hémistiche et césure déterminent dans la prosodie classique des ensembles harmonieux où le rapport entre le rythme (l'accentuation), la syntaxe (les propositions) et le sens est le plus étroit possible.

On peut distinguer les vers simples et les vers complexes, les vers pairs (2, 4, 6... syllabes) et les vers impairs (3, 5, 7... syllabes), les vers binaires (2 hémistiches et 1 césure) et les vers ternaires (3 hémistiches et 2 césures).

• Les vers simples comportent donc de une à huit syllabes. Ils sont d'autant plus courants qu'ils sont longs, comme l'octosyllabe (huit syllabes) et l'heptasyllabe (sept syllabes). On peut néanmoins rencontrer des cas limites, comme dans le poème « Djinns » (*Les Orientales,* XXVIII) de Victor Hugo, construit sur un mouvement d'amplification prosodique, qui mène d'une strophe de 2 syllabes à une strophe de 10 syllabes, puis revient progressivement à une strophe de 2 syllabes, non sans avoir dans chaque mouvement contraire utilisé tous les mètres intermédiaires. Voici le premier vers simple des strophes qui conduisent à l'acmé du poème :

dissyllabe : « Murs, ville »
trisyllabe : « Dans la plaine »

tétrasyllabe : « La voix plus haute »
pentasyllabe : « La rumeur approche »
hexasyllabe : « Dieu ! la voix sépulcrale »
heptasyllabe : « C'est l'essaim des Djinns qui passe »
octosyllabe : « Ils sont tout près ! – Tenons fermée »

• On rencontre par ailleurs très fréquemment les vers dits impairs, bien avant Verlaine qui « préfère l'impair » *(Art poétique)*, tout au moins pour ce qui est des vers simples. C'est le cas dans ce poème de Hugo, mais aussi dans les *Odes* de Ronsard, ou dans cette « Chanson » de Malherbe (*Poésies galantes personnelles,* XIV), où alternent vers simples et vers complexes, vers pairs et vers impairs :

J'ay beau me plaindre // et vous conter mes peines, [décasyllabe (4/6)]
Avec prières // d'y compatir, [ennéasyllabe (5/4)]
J'ay beau m'espuiser les veines, [heptasyllabe]
Et tout mon sang // en larmes convertir, [décasyllabe (4/6)]
Un mal en deçà du trespas, [heptasyllabe]
Tant soit-il extréme, // ne vous esmeut pas, [hendécasyllabe (6/5)].

Les vers dits complexes les plus fréquents sont le décasyllabe (10 syllabes) et le dodécasyllabe (12 syllabes), ce dernier appelé plus fréquemment alexandrin. Le décasyllabe se décompose en deux hémistiches (4/6, 6/4 ou 5/5). L'alexandrin, adopté par Ronsard comme le vers français par excellence, repose le plus souvent, du XVIe au XIXe siècle tout au moins, sur un rythme binaire, comme dans le vers de Malherbe « Et rose elle a vécu // ce que vivent les roses » (6/6) cité ci-dessus. D'autres combinaisons métriques sont néanmoins possibles, telles la scansion binaire (8/4, 4/8) ou ternaire (4/4/4 ou 3/5/4, 4/5/3...). Ainsi dans le poème « Les ingénus » *(Fêtes galantes)* de Verlaine :

Les talons hauts luttaient // avec les longues jupes (6/6)
En sorte que, // selon le terrain et le vent (4/8)
Parfois luisaient // des bas de jambe, // trop souvent (4/5/3)
[...]
Et c'étaient // des éclairs soudains // de nuques blanches (3/5/4)
[...]
Que notre âme, // depuis ce temps, // tremble et s'étonne (4/4/4).

On rencontre également des vers complexes impairs, même si le cas est moins courant que pour les vers impairs simples.

La Rivière de Cassis // roule ignorée (7/4)
En des vaux étranges : (5)
La voix de cent corbeaux // l'accompagne, // vraie (6/4/1)
Et bonne voix d'anges : (5)
Avec les grands mouvements // des sapinaies (7/4 ou 4/3/4)
Quand plusieurs vents plongent (5).

Arthur Rimbaud, *Vers nouveaux,* « La Rivière de Cassis ».

► **Problèmes de décompte syllabique : « e » muet, diérèse et synérèse.**

La prosodie repose sur un ensemble d'us et coutumes de prononciation qui, là encore, définissent une manière singulière de prononcer le vers. Contrairement à la prose, la poésie repose sur la métrique qui autorise des licences poétiques (l'archaïsme « encor » pour « encore » si la voyelle finale est

« e » muet, diérèse, synérèse

• Le « e » dit muet ou caduc, ou encore atone, est « réellement muet depuis la période du moyen français » (J. Mazaleyrat, *op. cit.*, p. 37) : **« L'*e* terminal d'un mot suivi d'une initiale vocalique ou d'un *h* non aspiré n'a pas plus d'existence rythmique qu'il n'en a de phonétique »** (*ibid.*, p. 59).

Dès lors, il convient de distinguer l'apocope et la syncope. « L'*apocope* est la disparition en fin de mot d'un *e* caduc non élidable : *humain(e)*. La *syncope* est la disparition d'un *e* caduc dans le corps du mot : *seul(e)ment* » (*ibid.*, p. 60). « La place de l'*e* muet dans le système du vers n'entre pas en considération : l'élision se fait en fin de mot [...], en fin de mesure [...], en fin d'hémistiche [...] » (*ibid.*, p. 63). Mazaleyrat appuie son analyse sur trois vers de Racine, où successivement l'élision a lieu en fin de mot, en fin de mesure et en fin d'hémistiche :

1 / Le flambeau / dur(e) encor(e) // et peut / se rallumer
2 / Command(e) / au plus beau sang // de la Grèc(e) / et des Dieux
3 / Plus méchant / qu'Athali(e) // à tout(e) heu/re l'assièg(e)

Dans le dernier exemple la muette surnuméraire à la fin du vers est exclue du décompte syllabique.

• La diérèse : « On appelle de ce nom [...] la séparation syllabique de deux voyelles en contact dans un même mot : *II-EN*. La réaction de prononciation inverse est la *synérèse* [...] : *IIEN*. »

suivie d'une consonne ; les diérèses et les synérèses) mais suscite *a contrario,* dans la poésie classique tout au moins, un certain nombre de contraintes qui touchent au respect du nombre de syllabes prononcées.

Cet usage métrique introduit un principe discordant entre prosodie et grammaire : le vers « Plus méchant qu'Athalie à toute heure l'assiège » comporte douze syllabes du point de vue métrique, mais treize du point de vue grammatical ; la voyelle d'une rime féminine ne peut terminer un vers, elle est dite « surnuméraire ». Pour ce qui est des rimes masculines comportant un « e », le cas est proscrit par la poésie classique, mais employé de manière ludique depuis Verlaine :

> Supposez qu'un de vous puisse être
> Comme le singe obligé **de**
> Violer un juge ou une ancêtre
> Lequel choisirait-il des **deux ?**

Georges Brassens, *Le Gorille.*

Ici, le vers 2 se termine sur une rime masculine en *e*, et les enjambements aux vers 1 et 3 obligent à prononcer les deux *e* de « être » et « ancêtre ». Par ailleurs, Brassens respecte l'élision du *e* devant une voyelle (« singe » et « juge »).

3

Les rimes

> Oui, il y a des poètes qui riment trop richement et c'est à ceux-là que j'ai pensé en écrivant quelques vers (d'ailleurs bien rimés) contre la rime...
>
> Paul Verlaine.

Outre la versification, la perception du fait poétique, durant trois siècles, repose sur le retour à l'identique des mêmes morphèmes d'un vers à l'autre : l'objet poème repose donc sur un jeu codifié d'homophonies qui définissent là encore un usage spécifique du langage poétique, dans la mesure où la répétition de phonèmes situés en fin de vers contredit la linéarité du langage discursif et construit l'objet poétique comme récurrence de structures langagières. Telle est pour Jakobson une des différences essentielles entre prose et poésie : « Le principe de similarité gouverne la poésie [...]. La prose, au contraire, se meut essentiellement dans les rapports de contiguïté » *(Essais de linguistique générale)*. La rime tisse en effet un réseau associatif non plus horizontal – l'enchaînement phrastique – mais vertical, par ce système d'échos entre les mots placés en fin de vers. Si cette définition n'est valable que pour les poèmes en vers, non pour les « poèmes en prose », elle éclaire néanmoins une cohérence verticale susceptible de s'ajouter à et de doubler la cohérence horizontale.

À partir de cette simple définition (voir page suivante), la pratique poétique échafaude un ensemble de « règles », préceptes ou conseils qui définissent ce qu'on pourrait appeler un « art de bien rimer ».

La rime : définition

« La rime se définit par l'homophonie, entre deux ou plusieurs mots, de leur dernière voyelle tonique ainsi que de tous les phonèmes qui, éventuellement, la suivent. »

Jean Mazaleyrat, *op. cit.*, p. 184.

La rime se situe ordinairement en fin de vers, mais peut aussi se situer à l'intérieur de deux vers. Cette distinction métrique permet de considérer deux formes de rime : externe et interne.

La définition même de la rime suppose ainsi, comme celle du vers, un ensemble minimal de deux vers.

Par ailleurs, « les phonèmes non prononcés ne comptent pas [...] dans la réalisation et la perception de la rime » *(ibid.)*, qu'il s'agisse de consonnes muettes, c'est-à-dire non prononcées, comme dans la rime Por(t) / Bor(d), ou de « e » muets, comme dans la rime Pomm(e) / Somm(e).

I. *Rime et assonance*

Il convient tout d'abord de distinguer ce qui a trait à la rime de ce qui a trait aux procédés plus généraux de l'assonance : la rime suppose la répétition non seulement d'une voyelle tonique, donc accentuée (non atone), mais aussi du phonème consonantique qui la suit éventuellement : si l'homophonie de la dernière voyelle tonique est suivie d'une hétéronomie consonantique, on ne parle alors plus de rime, mais d'assonance. Ainsi dans cette strophe de Guillaume Apollinaire :

> Que Paris était beau à la fin de septembre
> Chaque nuit devenait une vigne où les pampres
> Répandaient leur clarté sur la ville et là-haut
> Astres mûrs becquetés par les ivres oiseaux
> De ma gloire attendaient les vendanges de l'aube

Alcools, « Vendémiaire ».

Ici, dans les deux premiers vers, il n'y a pas rime à proprement parler car la répétition du phonème [en] n'est pas suivie de la répétition du même phonème consonantique (ici [br] et [pr]). De même dans les deux derniers vers, de manière encore plus marquée : le phonème [au] est tour à tour placé en fin de vers ou suivi d'un autre phonème consonantique. Il suffit donc qu'une seule hétérophonie rompe la suite des homophonies après la voyelle tonique finale pour qu'il n'y ait plus rime mais assonance. Tel est le cas de l'assonance « Quatre / Astre », où la consonne [s] rompt la chaîne homophonique.

Il convient par ailleurs de distinguer ce type particulier d'assonance, fait de métrique, du fait plus général qui consiste dans la répétition d'une même voyelle tonique ou atone dans le cours d'une phrase et à une place indéterminée dans cette phrase. On parle alors d'assonance, mais d'un point de vue stylistique et non plus métrique : cette combinaison d'une voyelle et d'un phonème consonantique est alors soit une paronomase, soit une homéotéleute. Paronomase si cette répétition est interne aux mots considérés, homéotéleute si elle se situe à la fin de ceux-ci.

Si la rime se termine par une consonne non prononcée, appelée consonne graphique, cette dernière doit être telle qu'elle noterait un phonème identique si elle était prononcée en tant que consonne de liaison dans le cours d'une phrase. Ainsi, la rime « Falot / tableau » est une rime fautive, alors que la rime « Rangs / parents » est bonne, car le [t] final, dans tel syntagme, serait prononcé : par exemple dans « Fal<u>ot</u> au regard de... ».

II. Disposition des rimes

La disposition des rimes est un des procédés poétiques les plus connus, immédiatement repérable dans la matérialité du texte. Cet agencement peut définir une disposition strophique, ou désigner une forme poétique codifiée (voir 4. III. sur le sonnet, par exemple). Il exprime un autre mode de cohérence, vertical, du texte. On distingue habituellement trois grandes manières de disposer les rimes en fin de vers.

1. Les rimes plates ou suivies.

Disposition la plus simple, elle fait rimer entre eux deux vers qui se suivent, et construisent le poème de deux vers en deux vers du point de vue de la rime. C'est le schéma adopté dans la plupart des pièces de théâtre en vers. Ainsi dans ces vers de Racine :

Mon mal vient de plus loin. À peine au fils d'Égée *a*
Sous les lois de l'hymen je m'étais engagée, *a*
Mon repos, mon bonheur semblait être affermi, *b*
Athènes me montra mon superbe ennemi. *b*

Racine, *Phèdre,* acte I, scène 3.

Structure la plus simple, elle rappelle l'origine mnémotechnique de la rime : la nécessité de retenir par cœur le texte de théâtre, comme auparavant celle d'apprendre les poèmes avant l'invention de l'imprimerie, conditionnent le choix des rimes plates au théâtre ou dans les poèmes de grande longueur, comme l'épopée.

2. Les rimes croisées.

Autre structure extrêmement répandue, les rimes croisées font alterner deux rimes de vers en vers :

Vous pour qui les rayons du jour *a*
Sont amoureux de cet empire *b*
Que Mars redoute et que l'Amour *a*
Ne saurait voir qu'il ne soupire *b*
[...]

Théophile de Viau,
« Ode à Monsieur le Marquis de Boquingant ».

3. Les rimes embrassées.

Dernière structure tout aussi répandue que les deux premières, les rimes embrassées enserrent une rime au sein d'une autre ; cette manière de rimer constitue l'armature traditionnelle des deux quatrains du sonnet :

Quand vous serez bien vieille, au soir à la chandelle, a
Assise au coin du feu, dévidant et filant, b
Direz chantant mes vers, en vous émerveillant : b
« Ronsard me célébrait du temps que j'étais belle. » a

Ronsard, *Sonnets pour Hélène,* sonnet XLIII.

4. Autres combinaisons.

En dehors de ces trois agencements, très courants, il existe d'autres formes plus complexes, mais consacrées par la tradition prosodique.

- Les rimes redoublées ou retriplées, soit à la suite :

Où la fable mit ses Ménades **a**
Où l'amour eut ses sérénades, **a**
Grondaient les sombres canonnades, **a**
Sapant les temples du vrai Dieu ; b
Le ciel de cette terre aimée **c**
N'avait, sous sa voûte embaumée, **c**
De nuages que la fumée **c**
De toutes ses villes en feu. b

Victor Hugo (cité par J. Mazaleyrat, *op. cit.,* p. 192).

soit séparées, c'est-à-dire des rimes redoublées ou retriplées et croisées entre elles :

Source délicieuse en misères féconde, a
Que voulez-vous de moi, flatteuses voluptés ? b
Honteux attachements de la chair et du monde, a
Que ne me quittez-vous quand je vous ai quittés ? b
Allez, honneurs, plaisirs, qui me livrez la guerre : **c**
Toute votre félicité **d**
Sujette à l'instabilité **d**

En moins de rien tombe par terre, c
Et comme elle a l'éclat du verre c
Elle en a la fragilité. **d**

Pierre Corneille, *Polyeucte,* acte IV, scène 2

La rime batelée : la fin du vers rime avec la fin de l'hémistiche suivant :

Changeons propos, c'est trop chanté d'amours ;
Ce sont clamours, chantons de la Serpette :
Tous Vignerons ont à elle recours,
C'est leurs secours pour tailler la Vignette.
Ô Serpillette, ô la Serpillonnette,
La Vignollette est par toi mise sus,
Dont les bons Vins tous les ans sont issus.

Clément Marot, *L'Adolescence clémentine,* « Chanson VIII ».

• La rime brisée fait rimer non seulement les fins de vers mais aussi les premiers hémistiches de chacun d'eux :

Chacun doit regarder selon droit de nature,
Son propre bien garder, ou trop se dénature

Guillaume Crétin.

• La rime léonine : les deux hémistiches du même vers riment entre eux :

Il pleure sans raison
Dans ce cœur qui s'écœure

Paul Verlaine.

• La rime couronnée, qui répète la dernière syllabe d'un vers :

Guerre a fait maint chatelet laid
Et mainte bonne ville vile.

Jean Molinet.

La rime dérivative, que du Bellay puis Malherbe proscrivent, associe à la rime des mots semblables : les homonymes, et les mots de même racine, que l'histoire de l'évolution de la langue a pu dissocier. Pour autant, ces rimes ne sont pas inusitées, et Mallarmé lui-même y eut recours :

Oui, dans une île que l'air charge
De vue et non de visions
Toute fleur s'étalait plus large
Sans que nous en devisions.

[...]

Gloire du long désir, Idées,
Tout en moi s'exaltait de voir
La famille des iridées
Surgir à ce nouveau devoir.

• Toujours dans ce même registre de la transgression, on trouve la rime complexe, « faite de plusieurs mots décomposant entre eux le son rimé » (Aragon, *La Rime en 1940*), et la rime enjambée, qui « se décompose à cheval sur la fin du vers et le début du vers suivant » *(ibid.)*.

Pour clore cette liste non exhaustive, citons les holorimes qui consistent en l'homophonie complète des vers. Dernier degré d'un jeu sur les prouesses techniques, elles visent à rendre compte d'un caractère à la fois ludique et artificiel de la poésie :

Dans ces meubles laqués, rideaux et dais moroses,
Danse, aime, bleu laquais, ris d'oser des mots roses.

Anonyme (cité par J. Mazaleyrat, *op. cit.*, p. 212).

3. Rimes féminines et rimes masculines.

On appelle rimes féminines les rimes qui comportent un « e » muet après la voyelle tonique, que celle-ci soit ou non précédée d'une ou plusieurs consonnes. Ainsi les rimes nue / prévue, monde / blonde.

Toutes les autres rimes sont dites masculines.

Un mot comportant à la fin cet « e » muet ne peut rimer avec un mot qui n'en possède pas, et inversement. Ainsi, « merveille / soleil » n'est pas une rime au sens strict du terme, mais plutôt une assonance.

Ces deux genres de rimes introduisent un principe d'alternance, respecté de la fin du XVIe au XIXe siècle. Dans les différents systèmes de rimes examinés ci-dessus, il faut que « le changement de rime correspond[e] à un changement de genre métrique, appuyant la variation des homophonies d'une variation de la nature [...] de leur terminaison » (Mazaleyrat, *op. cit.*, p. 204). Ainsi dans cette *Fable* de La Fontaine :

Deux pigeons s'aimaient d'amour tendre. a
L'un d'eux s'ennuyant au logis b
Fut assez fou pour entreprendre a
Un voyage en lointain pays. b

« Les deux pigeons ».

La rime a (« tendre / entreprendre ») est féminine, alors que la rime b (« logis / pays ») est masculine : le changement de rime s'accompagne bien, ici, d'un changement de genre. Cette alternance vise la musicalité du poème, une esthétique agréable à l'oreille, selon Ronsard : « À mon imitation, tu feras tes vers masculins et fœminins tant qu'il te sera possible, pour estre plus propres à la musique et accord des instruments, en faveur desquels il semble que la Poësie soit née, car la Poësie sans les instrumens, ou sans la grace d'une seule ou plusieurs voix, n'est nullement agréable, non plus que les instrumens sans estre animez de la melodie d'une plaisante voix » *(Abrégé de l'art poétique français)*.

Depuis la fin du XIXe siècle, nombre de poètes s'ingénient cependant à transgresser à la fois le principe d'alternance entre rimes masculines et féminines, et la non-possibilité pour un mot comportant un « e » muet de rimer avec un mot qui n'en comporte pas. Contemporaine d'une volonté de renouveler profondément les formes poétiques dans le sens d'une plus grande liberté, l'œuvre poétique de Verlaine, comme plus tard celle d'Apollinaire, regorge d'entorses à cette double règle.

C'est le chien de Jean de Nivelle
Qui mord sous l'œil même du guet
Le chat de la mère Michel ;
François-les-bas-bleus s'en égaie.

Verlaine, *Romances sans paroles,* « Ariettes oubliées », VI.

Ou cette « Ballade » d'Apollinaire, écrite exclusivement en rimes masculines :

La châtelaine pâle a dit
De la tour nul ne sortira
Passent lundi mardi jeudi
Plus ne chantent les trois jongleurs
Oh les jongleurs avez-vous peur

On leur a offert des festins
Mais point n'en veulent les jongleurs
Voudraient cheminer le matin
Et les trois jongleurs ont pâli
La châtelaine est dans son lit

« Le guetteur mélancolique ».

III. *Qualité phonique de la rime*

La qualité phonique d'une rime se mesure d'après le nombre d'homophonies qu'elle présente. Étant donné qu'on ne tient jamais compte des phonèmes non prononcés (en particulier de l' « e » muet), on distingue trois catégories :

• La rime pauvre, qui ne présente qu'une seule homophonie, comme dans la rime « pourquoi / effroi ».

• La rime suffisante, qui présente deux homophonies, comme dans la rime « mer / cher » (voyelle tonique et consonne suivante), ou « va / trouva » (consonne d'appui et voyelle tonique).

• La rime riche, qui présente trois homophonies ou davantage, comme dans « vermeil / sommeil », « reste / sieste », « désastre / cadastre ».

Ainsi, dans ce sonnet de Jaccottet, on peut observer un emploi alterné des rimes riches, des rimes suffisantes et des rimes pauvres :

Sois tranquille, cela viendra ! Tu te rap<u>proches</u>,
tu brûles ! Car le mot qui sera à la fin

du poème, plus que le premier sera proche
de ta mort, qui ne s'arrête pas en chemin.

Ne crois pas qu'elle aille s'endormir sous des branches
ou reprendre souffle pendant que tu écris.
Même quand tu bois à la bouche qui étanche
la pire soif, la douce bouche avec ses cris

doux, même quand tu serres avec force le nœud
de vos quatre bras pour être bien immobiles
dans la brûlante obscurité de vos cheveux,

elle vient, Dieu sait par quels détours, vers vous deux,
de très loin ou déjà tout près, mais sois tranquille,
elle vient : d'un à l'autre mot tu es plus vieux.

Philippe Jaccottet, *L'effraie.*

Si la rime initiale « rapproches / proche » est riche, la dernière rime « nœud / cheveux / deux / vieux » est pauvre, et la rime « immobile / tranquille » est suffisante.

IV. *Qualité associative de la rime*

Outre sa fonction mélodique, qui renvoie à sa qualité phonique, la rime possède une fonction associative, plus délicate à saisir : elle opère un rapprochement entre deux mots, ce qu'Aragon appelle un « court-circuit », indépendamment du rôle sémantique joué par chacun des mots dans la phrase.

On apprécie alors la qualité de la rime obtenue selon que le rapprochement est plus ou moins attendu. Si ce rapprochement est trop attendu, la rime est alors facile, banale, ou faible. Dans le cas contraire, la rime est rare. Tel est l'apport de Malherbe à la poétique française, qui exigeait non seulement l'exacte similarité entre les deux mots rimés, mais aussi la différence sémantique la plus frappante possible. La rime rejoint dès lors la poétique plus générale de l'image, considérée comme mise en rapport sémantique et esthétique de mots n'ayant pas entre eux de rapport immédiatement logique. Telle est la définition que Pierre Reverdy donne de l'image poétique.

On considère donc les mots qui riment avec eux-mêmes, les rimes construites sur des mots lexicalement apparentés, les mots qui provoquent des associations trop banales car membres des mêmes réseaux (lexicaux, sémantiques, géographiques...), comme faibles. Ainsi, « arme / désarme », « superbement / magnifiquement », « le mien / le sien », « trouva / donna » (même désinence verbale), « époux / jaloux » sont considérées comme des rimes faibles. Au contraire, le sonnet en « yx » de Mallarmé est construit sur des rimes rares :

> Ses purs ongles très haut dédiant leur onyx,
> L'Angoisse ce minuit, soutient, lampadophore,
> Maint rêve versperal brûlé par le Phénix
> Que ne recueille pas de cinéraire amphore.
>
> Sur les crédences, au salon vide : nul ptyx,
> Aboli bibelot d'inanité sonore,
> (Car le Maître est allé puiser des pleurs au Styx
> Avec ce seul objet dont le Néant s'honore.)
>
> Mais proche la croisée au nord vacante, un or
> Agonise selon peut-être le décor
> Des licornes ruant du feu contre une nixe,
>
> Elle, défunte nue en le miroir, encor
> Que, dans l'oubli fermé par le cadre, se fixe
> De scintillations sitôt le septuor.

Ici, outre la recherche systématique de mots rares, et le choix de la rime en « yx / ixe », une des plus « difficiles » de la langue française car reposant sur un choix très restreint de mots, pas de rapprochement évident entre les mots choisis, tel le nom « nixe » et le verbe « fixe ». Par ailleurs, la conjonction de la rime à la fois riche et rare produit un jeu de mots, c'est-à-dire une rime équivoquée, entre « sonore » et « s'honore ». Il s'agit bien, conformément à la recommandation de Théodore de Banville dans son *Petit Traité de poésie française,* de faire « rimer ensemble autant qu'il se pourra, des mots très semblables entre eux comme son et très différents entre eux comme sens ». Tel est le précepte formalisé déjà par du Bellay : « Quand je dy que la rythme doit estre riche, je n'entens qu'elle soit contrainte, et semblable à celle d'aucuns qui pensent avoir fait un grand chef-d'œuvre en Francoys, quand ilz ont rymé un *imminent* et un *eminent,* un *misericordieusement* et un *melodieusement,* et autres de semblable farines, encores qu'il n'y ait sens ou raison qui vaille » *(Défense et illustration de la langue française).*

Pour autant, l'emploi de rimes dites banales peut susciter des effets qui ne le sont plus du tout ; un autre type de suggestion est provoqué par l'emploi du même mot d'un vers à l'autre :

Le ciel est, par-dessus le toit,
Si bleu, si calme !
Un arbre, par-dessus le toit,
Berce sa palme.

Paul Verlaine, *Sagesse.*

L'effet de surprise provient ici du fait culturel sur lequel repose la rime : le lecteur familier de l'art poétique s'attend à une surprise, c'est-à-dire attend quelque chose de différent sémantiquement dans le deuxième vers rimé. Or Verlaine remotive précisément l'effet de surprise en décevant cette attente qui n'est plus surprise, tout comme Charles Cros dans ces vers, de manière ouvertement ludique :

Tiède et blanc était le sein.
Toute blanche était la chatte.
Le sein soulevait la chatte.
La chatte griffait le sein.

Les oreilles de la chatte
Faisaient ombre sur le sein.
Rose était le bout du sein,
Comme le nez de la chatte.

Un signe noir sur le sein
Intrigua longtemps la chatte ;
Puis vers d'autres jeux, la chatte
Courut, laissant nu le sein.

Le Coffret de santal, « Coin de tableau ».

V. Fonction des rimes

Si le problème de la rime est tout d'abord celui sur lequel j'ai voulu m'exprimer en 1940, c'est parce que l'histoire du vers français débute où apparaît la rime, c'est que la rime est l'élément caractéristique qui libère notre poésie de l'emprise romaine, et en fait la poésie française. De l'hexamètre, on passe au décasyllabe, à l'alexandrin, à l'octosyllabe, par morcellement ; et c'est la rime qui précipite ce morcellement, qui dicte où aller à la ligne. On sait que c'est à l'hémistiche latin la syllabe finale terminale obligatoirement élidée qui engendre la rime féminine, et l'alternance des rimes provient du morcellement en deux parts de ce fait de l'hexamètre, dont le second fragment, d'abord non rimé, prendra bientôt la rime masculine.

Aragon, *Les Yeux d'Elsa,*
préface, « ARMA VIRUMQUE CANO ».

La rime prend source dans une faiblesse de la langue française, pour Aragon ; elle compense la perte de la scansion latine et grecque par la réduplication de phonèmes identiques. Elle vise donc, dans l'ensemble des procédés détaillés cidessus, une recherche toute mélodique. S'il faut, selon Mallarmé, reprendre à la musique son bien, si la poésie a pour vocation de « rémunérer le défaut des langues » (id.), la rime est alors un élément particulièrement prégnant d'une poétique conçue comme exploration du pouvoir musical de la langue. Semblable en cela à l'accord musical, elle superpose à la ligne mélodique du vers un « accord » vertical, celui des phonèmes répétés d'un vers à l'autre : la rime doit être « telle, que le vers tumbant en icelle ne contentera pas moins l'oreille, qu'une bien armonieuse musique tumbante en un bon et parfait accord » (Joachim du Bellay, *Défense et illustration de la langue française*). Mais du Bellay n'en préconise pas moins un usage naturel de la rime : « La rythme de notre poëte sera voluntaire, non forcée : receüe, non appellée : propre, non aliene : naturelle, non adoptive » *(ibid.)*.

Dès lors, la rime introduit et creuse une distorsion profonde dans le poème : à l'identité phonique s'oppose en effet une différence sémantique. Telle est la définition même de la « qualité associative de la rime », que A. Kibédi-Varga *(Les constantes du poème)* considère comme dialectique de l'attente et de l'effet de surprise.

Pour autant, la rime, malgré sa richesse, est susceptible d'une érosion ; telle rime rare, si elle provoque chez le lecteur une surprise et un contentement esthétique, devient, une fois employée et réemployée, facile et banale. C'est dire que le critère de la qualité associative est relatif et instable car soumis à l'usure du temps. Si la rime « larmes / alarmes » est bienvenue chez Racine, que devient-elle deux siècles plus tard, si ce n'est une cheville banale et éculée ? Que dire aussi de l'emploi très fréquent de la rime « ombre / sombre » chez Victor Hugo ?

La rime est alors le siège d'une ambiguïté profonde ; elle possède ses défenseurs et ses détracteurs depuis plusieurs siècles. Le XVIIIe siècle polarise les critiques contre la rime, car artificielle, source d'une contrainte inutile :

> Ces rimes cousues par Morphée, au bout de chaque vers, me font bailler ; cette chûte périodique de sons qui reparoissent à intervalles égaux, me distrait du sens, et me cause la même inquiétude que l'eau qui s'échappe goutte à goutte d'une fontaine mal fermée. [...] Que de travaux inutiles ! que de peines perdues ! Qu'est-ce que des vers qui exigent, sans en excepter les meilleurs, le sacrifice perpétuel du mot propre, du mot pittoresque et poétique, quand il ne peut s'accorder avec la mesure et la rime, souvent même le sacrifice s'étend jusqu'à la langue.
>
> François-Louis d'Escherny, *De la poésie et des vers.*

Le XXe siècle maintient une certaine ambiguïté quant au statut de la rime : à la suite des « précurseurs » Apollinaire ou

Reverdy, certains abandonneront la rime car source de contraintes formelles préétablies, qu'ils rejettent, alors que d'autres, tel Aragon, conserveront le schéma rimé tout en le renouvelant profondément, dans le sens d'une licence poétique plus grande. Ainsi, dans ce quatrain d'Aragon, la rime enjambée est, du point de vue de la versification, une assonance, mais la lecture à haute voix permet d'entendre la rime « ébattre / bas tr « :

> Ne parlez plus d'amour J'écoute mon cœur battre
> Il couvre les refrains sans fil qui l'ont grisé
> Ne parlez plus d'amour Que fait-elle là-bas
> Trop proche et trop lointaine ô temps martyrisé.

De manière plus générale, les poètes s'interrogent sur le statut de la rime : est-elle un ornement du discours poétique, participe-t-elle au contraire du sens profond du poème ? On connaît les célèbres vers de Boileau sur la rime :

> La rime est une esclave, et ne doit qu'obéir.
> Lorsqu'à la bien chercher d'abord on s'évertue,
> L'esprit à la trouver aisément s'habitue.

Art poétique.

À cette conception utilitariste de la rime s'oppose l'analyse de Valéry, pour qui la rime engage dans l'acte créateur la pensée même du poème :

> La pensée de qui fait des vers est sans cesse ramenée par la violence que lui fait périodiquement cette règle [les rimes] à ses propres hasards et conduite à les provoquer, à les exploiter. La poésie rimée serait impraticable si l'allure de notre esprit n'était pas capable de boucles capricieuses, s'il ne consistait pas en une broderie infinie, si nous ne pouvions sortir de notre « idée » et y revenir et toucher mille choses autour d'elle.

Carnets.

4

Agencements formels et formes poétiques

Versification et rimes permettent une appréhension de l'objet poétique – poème, théâtre – comme pluriel. Alliance des rimes ou alliance métrique indiquent une pluralité formelle irréductible à une unicité qui ne dirait rien de la pluralité. Tel est l'enjeu de l'agencement des vers entre eux : définir une quadruple lecture possible du poème, en fonction de quatre axes – la syntaxe, la métrique, la rime et la strophe.

Spécificité signifiante que la tension entre tel et tel axe, plus précisément entre l'axe syntagmatique et l'axe paradigmatique, c'est-à-dire entre l'horizontalité linéaire du poème et la verticalité permise par les rimes et l'agencement typographique (les strophes). Il convient donc d'analyser les distorsions, répétitions, ou adéquations opérées entre ces quatre niveaux superposés. Elles permettent en effet de saisir, dans la concrétude de l'objet poétique, une profondeur immédiatement manifeste. C'est en ce sens aussi que la poésie a pu être analysée comme travail plus grand sur le style, marque à ce niveau trop simple d'une spécificité du poétique par rapport au prosaïque.

I. *Dispositions strophiques*

La strophe ne correspond pas au paragraphe en prose : le passage à la ligne ne peut suffire, en droit, à définir une strophe. Seuls un mode de cohérence interne, un principe structurant peuvent la constituer.

La strophe

Pour J. Mazaleyrat, la strophe est d'abord un « groupement d'une série de vers selon une disposition déterminée des homophonies finales et (si les vers sont de types différents) des mètres » (*op. cit.*, p. 81). « Ainsi se trouvent fixées nettement les limites mêmes de la strophe : ce sont celles du système de correspondances par lequel elle se définit » (p. 84). Il en résulte pour lui six définitions :

1. « Les blancs séparant des suites de vers ne suffisent pas à déterminer des ensembles strophiques, si ces séries ne sont pas structurées selon le système précédemment défini » (p. 84).
2. « Les séries en rimes plates isolées par des blancs ne sauraient non plus être appelées strophes, puisqu'elles procèdent non d'un groupement par structure, mais par succession » (p. 85).
3. À système complet, strophe achevée. On ne considérera donc pas comme strophe unique un agrégat de systèmes réunis par la seule présentation visuelle (p. 84).
4. « On distinguera de même la strophe simple (une combinaison complète et unique d'homophonies finales) et les strophes prolongées. Celles-ci, une fois le système complet, en reprennent une finale. »
5. « Des séries de vers dont les homophonies finales s'ordonnent en structures sensibles sont à considérer comme séries strophiques même si leur séparation visuelle n'est pas indiquée » (p. 87).
6. « Les limites de la strophe sont fixées par sa définition : pas de strophe sans système complet d'homophonies finales, aucune finale en suspens » (p. 88).

Enfin, on distingue les strophes **isométriques** (même nombre de syllabes par vers) des strophes **hétérométriques** (cohérence des rimes mais nombre de syllabes différents).

Cet ensemble de définitions empruntées à Mazaleyrat appelle un certain nombre de remarques et d'éclaircissements.

• Mazaleyrat définit la strophe selon la cohérence homophonique, pour ne pas dire les rimes : les simples blancs typographiques ne peuvent alors suffire à définir une strophe ; il faut un principe de cohérence interne à celle-ci. Ainsi dans les séries de rimes plates, marque du théâtre. On ne parlera donc pas de strophe pour la majeure partie des pièces en vers, sauf à propos des stances qui se distinguent précisément du reste de la pièce par l'emploi de rimes croisées ou embrassées. Ainsi dans ces deux passages du *Cid* de Corneille.

Nous partîmes cinq cents, mais par un prompt renfort,	a
Nous nous vîmes trois mille en arrivant au port,	a
Tant, à nous voir marcher avec un tel visage,	b
Les plus épouvantés reprenaient de courage !	b

Acte IV, scène 3.

Ici, on ne peut à proprement parler de strophe car la succession des rimes plates ne définit pas un principe de cohérence interne : on parle donc de tirade, de monologue, de dialogue... mais pas de strophe au théâtre. De même dans un poème, une telle succession est en toute rigueur insuffisante pour parler de strophe. Il s'agit alors de distiques.

Au contraire, dans les célèbres « stances du Cid » :

Percé jusques au fond du cœur	a
D'une atteinte imprévue aussi bien que mortelle,	b
Misérable vengeur d'une juste querelle,	b
Et malheureux objet d'une injuste rigueur,	a
Je demeure immobile, et mon âme abattue	c
Cède au coup qui me tue	c
Si près de voir mon feu récompensé,	d
Ô Dieu, l'étrange peine !	e
En cet affront mon père est l'offensé,	d
Et l'offenseur le père de Chimène !	e

Acte I, scène 6.

on est en présence d'une strophe complexe – Mazaleyrat parle de « strophes prolongées » – car le schéma des rimes abba / cc / dede définit deux ensembles strophiques liés entre eux par la présentation typographique. Ici, il ne s'agit pas d'une strophe à proprement parler mais de « systèmes strophiques composés », soit une première strophe de six vers, et une seconde de quatre du point de vue grammatical et métrique. La recherche des strophes dans une fable de La Fontaine doit donc s'attacher à déceler ces groupements de rimes, alternance entre succession plate et développement strophique. Ainsi dans cette fable :

Sur la branche d'un arbre était en sentinelle **a**
Un vieux Coq adroit et matois. **b**
« Frère, dit un Renard adoucissant sa voix **b**
Nous ne sommes plus en querelle : **a**
Paix générale cette fois. **b**
Je viens te l'annoncer ; descends que je t'embrasse ; c
Ne me retarde point de grâce : c
Je dois faire aujourd'hui vingt postes sans manquer d
Les tiens et toi pouvez vaquer d
Sans nulle crainte à vos affaires : e
Nous vous y servirons en frères. e

La Fontaine, *Fables,* « Le coq et le renard ».

Les cinq premiers vers forment une strophe prolongée et hétérométrique de cinq vers, appelée quintil, alors que les six vers suivants obéissent à une succession de rimes plates ; ils composent des distiques, non des strophes.

• Strophes simples et strophes composées.

Le modèle le plus courant de strophe simple est le quatrain, ensemble de quatre vers aux rimes soit croisées (abab) soit embrassées (abba). Telle est la structure des deux premières strophes du sonnet (voir *infra*) :

Le temple est en ruine au haut du promontoire.
Et la Mort a mêlé, dans ce fauve terrain,
Les Déesses de marbre et les Héros d'airain
Dont l'herbe solitaire ensevelit la gloire.

José-Maria de Heredia, *Les Trophées,* « L'oubli ».

Au-delà d'une structure de quatre vers ne possédant que deux rimes, on parlera de strophe prolongée, et, comportant plus de deux rimes, de strophes complexes, comme dans les dizains de Maurice Scève :

Libre vivais en l'Avril de mon âge a
De cure exempt sous celle adolescence b
Où l'œil, encor non-expert de dommage, a
Se vit surpris de la douce présence b
Qui par sa haute et divine excellence b
M'étonna l'Âme et le cœur tellement c
Que dans mes yeux l'archer tout bellement c
Ma liberté lui a toute asservie ; d
Et dès ce jour continuellement c
En sa beauté gît ma mort et ma vie. d

Maurice Scève, *Délie, Objet de plus haute vertu,* VI.

Dans ce dizain, on distingue trois ensembles qui se chevauchent : abab / bbcc / cdcd, ou trois ensembles liés entre eux par un groupe central : abab / bc / cdcd. Une strophe reprend sur une rime de la strophe précédente (rime en b pour la strophe 2, rime en c pour la strophe 3). *Stricto sensu,* le dizain est donc constitué de deux strophes (vers 1 à 4, vers 7 à 10 aux rimes croisées). Une des caractéristiques de la strophe composée est donc la malléabilité de sa structure : les rimes définissent un objet strophique ambigu, si bien que seul le recours à la syntaxe phrastique peut permettre de constituer un groupe de vers en strophe. Ici, l'introduction de la proposition consécutive au vers 7 indique le passage d'une strophe à l'autre, bien plus sûrement que l'agencement des rimes.

Autre conséquence des remarques de Mazaleyrat concernant la définition de la strophe : les tercets ne sauraient constituer des strophes, puisqu'ils reposent sur le « manque » d'un vers venant compléter la rime (aba). Dès lors, seuls deux tercets consécutifs constituent une strophe, un sizain.

Ah ! vienne vite le Printemps, a
Et son clair soleil qui caresse, b
Et ses doux oiseaux caquetants ! a

Refleurisse l'enchanteresse b
Gloire des jardins et des champs a
Que l'âpre hiver tient en détresse ! b

Et, – des levers aux couchants, a
L'or dilaté d'un ciel sans bornes c
Berce de parfums et de chants, a

Chers endormis, vos sommeils mornes ! c

Paul Verlaine, *Poèmes saturniens,* « Sub Urbe ».

Le tercet repose donc sur un principe d'enchaînement des rimes, où « chaque finale laissée en suspens dans un tercet fournit les homophonies majeures du tercet suivant, jusqu'à la conclusion, selon la formule la plus traditionnelle, par un vers isolé qui clôt le dernier système » (J. Mazaleyrat, *op., cit.,* p. 89).

• Dernier élément impliqué par la définition de la strophe, l'existence d'ensembles de vers hétérométriques accorde la prééminence à la rime sur le mètre. Une strophe peut donc se constituer de vers d'inégale longueur : le système des vers vient alors doubler ou contrecarrer le système des rimes, et le système grammatical. Ainsi, dans cette strophe de Baudelaire, la correspondance entre les rimes (abab) et les mètres (alexandrin/pentasyllabe) renforce l'harmonie de l'ensemble strophique :

La musique souvent me prend comme une mer !
Vers ma pâle étoile,
Sous un plafond de brume ou dans un vaste éther,
Je mets à la voile ;

Charles Baudelaire, *Les Fleurs du Mal,* « La musique ».

II. *Principes de liaison*

La strophe, ainsi définie, présente un principe de cohérence qui repose sur un système complet d'homophonies finales. Cette cohérence se redouble, dans la poésie classique (c'est ce que Malherbe préconise), d'une clôture grammaticale et sémantique. Cependant, le mètre ne correspond pas toujours à une unité syntaxique, qui peut s'étendre sur plusieurs vers, voire plusieurs strophes.

Dernier effet à analyser dans les quatre niveaux distingués ci-dessus, les enjambements, rejets et surjets dessinent alors un autre mode de cohérence – syntaxique ou phrastique – qui entre la plupart du temps en discordance avec la clôture du vers, non du point de vue de la matérialité graphique du texte, mais dans l'opération de la lecture et, plus encore, de l'audition poétique. Du désaccord entre la syntaxe et le mètre naissent nombre de problèmes quant au rythme accentuel, problèmes qui dépassent le cadre d'une simple analyse de la versification et engagent déjà une herméneutique du texte poétique : la métrique, la prosodie, les rimes sont des outils d'analyse précieux, mais ne sauraient être susceptibles d'une rationalisation même élémentaire. Chaque fait de poétique engage l'interprète sur la voie du sens et l'engage à choisir.

Enjambement, rejet, contre-rejet

L'enjambement est « un procédé selon lequel un groupe syntaxique d'étendue quelconque, commencé par un hémistiche ou un vers, trouve seulement son développement dans partie ou totalité de l'hémistiche ou du vers suivant avec ou sans production d'un effet particulier » (J. Mazaleyrat, *Le rythme de l'alexandrin moderne, son évolution de Victor Hugo aux poètes contemporains, le problème de la discordance,* Appendice, 2e partie, C) :

Et quand il s'en allait sans rien voir, à travers
Les champs, sans distinguer les étés des hivers,

Baudelaire.

Le rejet est « le procédé rythmique selon lequel un élément de faible étendue, placé au début d'un vers ou d'un hémistiche, se trouve lié étroitement par la construction au vers ou à l'hémistiche précédent et produit, ainsi détaché, un effet particulier » *(ibid.).*

Mais les vrais voyageurs sont ceux-là seuls qui partent
Pour partir ; cœurs légers, semblables aux ballons,

Baudelaire.

Le contre-rejet, appelé aussi surjet, est « un élément de faible étendue, qui, placé à la fin d'un vers ou d'un hémistiche, se rattache étroitement par la construction à l'hémistiche ou au vers suivant et prend de par sa position une valeur particulière » *(ibid.)*.

Tout l'hiver va entrer dans mon être : ***colère,***
Haine, frisson, horreur, labeur dur et forcé,

Baudelaire.

Enfin, l'enjambement peut aussi se produire au sein d'un vers, entre deux hémistiches. On parle, en ce cas, d'enjambement interne.

Des chants voilés de corps lointains où la tendresse
Des sens étreint l'effroi // **de l'âme** en des accords...

Verlaine.

Ici, il y a à la fois rejet externe (« des sens ») et interne (« de l'âme »). On parle alors de « rejets redoublés ».

Les citations sont empruntées à Jean Mazaleyrat,
Éléments de métrique française, p. 119-126.

III. En guise de conclusion quant à la poétique traditionnelle : analyse d'une grande forme, le sonnet.

Ainsi la poésie suppose-t-elle le chevauchement de plusieurs « formes », qui définissent un objet paradigmatique ambigu : le poème est, d'un point de vue formel, le fruit d'une tension entre un accomplissement horizontal, linguistique, et un accomplissement vertical. Les deux axes spatialement dessinés sur toute page poétique permettent alors la définition d'un « lieu » double.

> Le chevauchement de la forme métrique sur la forme usuelle du discours donne nécessairement la sensation d'une configuration double, ambiguë, à quiconque est familier avec la langue donnée et avec le mètre. Les convergences aussi bien que les divergences entre les deux formes, les attentes comblées aussi bien que les attentes frustrées provoquent cette sensation.

Gerard Monley Hopkins, *Poetic Diction,*
trad. Roman Jokobson, in *Essais de linguistique générale.*

Si la poésie « opère la transmutation de l'abouti en possible, du souvenir en attente, de l'espace désert en cheminement, en espoir » (Yves Bonnefoy, *L'improbable,* p. 184), c'est bien grâce à l'impossibilité assumée d'une lecture linéaire : lire – au sens fort du terme – un poème suppose la relecture, c'est-à-dire la prise en compte d'un effet de discordance qui rythme le temps de la lecture. On ne lit vraiment un poème qu'à rebours de l'expérience temporelle banale ; ce temps discursif fonde et justifie toute poétique de la forme.

Soit une des formes poétiques les plus couramment usitées depuis le XVIe siècle, le sonnet. Il se compose de quatorze vers répartis en trois strophes (deux quatrains et un sizain), et se présente typographiquement comme un ensemble de quatre blocs séparés par une ligne blanche ou par un retrait. Les rimes sont identiques dans les deux quatrains (deux fois abba), alors que les tercets obéissent au schéma rimé ccd-eed ou ccd-ede, dans la majeure partie des cas. Ces règles sont celles du sonnet français, alors que le sonnet de forme italienne repose sur le schéma sénaire cde-cde ou cdc-dcd. On obtient donc les structures suivantes : deux quatrains aux rimes embrassées abba et un sizain aux rimes plus libres (un distique et un quatrain du point de vue des rimes, ou un quatrain et un distique, ou un sizain indissociable).

Ainsi, le sonnet est tout entier construit sur une dialectique de la clôture quaternaire et de l'ouverture sénaire : « C'est ainsi, au corset étroit des quatrains dont la rime est au départ donnée, que s'oppose cette évasion de l'esprit, cette liberté raisonnable du rêve, des tercets » (Louis Aragon, « Du Sonnet »). Et Aragon de développer cette analyse :

> C'est pourquoi les rimes ici (j'entends dans les deux quatrains) sont comme les murs du poème, l'écho qui parle à l'écho, deux fois se réfléchit, et on n'en croirait pas sortir, la même sonorité embrasse par deux fois les quatrains, de telle sorte que le quatrième et le cinquième vers sont liés d'une même rime, qui rend indivisibles ces deux équilibres. La précision de la pensée ici doit justifier les rimes choisies, leur donner leur caractère de nécessité. De cette pensée musicalement prisonnière, on s'évadera, dans les

> tercets, en renonçant à ce jeu pour des rimes nouvelles : et c'est ici la beauté sévère des deux vers rimant (selon la disposition marotique française [ccd/eed]), qui se suivent immédiatement, pour laisser le troisième sur sa rime impaire, demeurée en l'air, sans réponse jusqu'à la fin du sonnet, comme une musique errante... *(ibid.)*.

Une multiplicité de combinaisons sont rendues possibles par la tension qui habite cette forme : les poètes classiques privilégieront l'alliance parfaite entre la syntaxe, la métrique, les strophes et les rimes, tel Malherbe :

C'est fait, belle Caliste, il n'y faut plus penser :
Il se faut affranchir des loix de vostre empire ;
Leur rigueur me degouste, et fait que je soupire
Que ce qui s'est passé n'est à recommencer.

Plus en vous adorant je me pense avancer,
Plus vostre cruauté, qui toujours devient pire,
Me deffend d'arriver au bon-heur où j'aspire,
Comme si vous servir estoit vous offencer.

Adieu donc, ô beauté, des beautés la merveille :
Il faut qu'à l'avenir ma raison me conseille,
Et dispose mon ame à se laisser guérir.

Vous m'étiez un thresor aussi cher que la vie ;
Mais puis que vostre amour ne se peut acquerir,
Comme j'en perds l'espoir, j'en veux perdre l'envie.

Œuvres poétiques, « Poésies galantes personnelles ».

Dans ce sonnet de facture classique, la syntaxe coïncide avec les groupements métriques, les rimes obéissent au schéma abba-abba-ccd-eed. « Adieu donc » au vers 9 marque grâce au lien logique l'enchaînement entre quatrains et tercets. Pas de discordance ici, mais une recherche de l'accord maximal.

Mais, si le sonnet est une des formes qui a le mieux résisté à l'usure du temps, c'est qu'elle est susceptible de nombreuses adaptations. Aragon souligne la dialectique qu'instaure le schéma des rimes ; d'autres torsions sont possibles, dans l'exploitation des ambiguïtés permises par la scansion quatrains-tercets. Celle-ci définit deux blocs distincts (8 vers, 6 vers) obéissant à deux modes d'écriture distincts. Par ailleurs, il est loisible de rompre à dessein l'adéquation entre vers, strophes, disposition typographique et rimes. Ce mouvement de torsion possible permet de rendre compte de l'exceptionnelle longévité de cette forme, revisitée depuis le XIXe siècle à la lumière d'une esthétique de la dislocation. Les héritiers de la génération romantique ont poursuivi les provocations hugoliennes : fouler « le bon goût et l'ancien vers françois » :

> Et sur l'Académie, aïeule et douairière,
> Cachant sous ses jupons les tropes effarés,
> Et sur les bataillons d'alexandrins carrés,
> Je fis souffler un vent révolutionnaire.

Victor Hugo, *Les Contemplations,*
« Réponse à un acte d'accusation ».

Au XXe siècle, le sonnet va ainsi connaître une « nouvelle jeunesse », avec, entre autres, les *Cent mille milliards de poèmes*. Queneau joue dans ce recueil des virtualités pratiquement infinies de ces quatorze vers :

> Ce petit ouvrage [...] est une sorte de machine à fabriquer des poèmes. [...] Pour composer ces dix sonnets, il m'a fallu obéir aux règles suivantes :
>
> Les rimes ne devaient pas être trop banales (pour éviter platitude et monotonie), ni trop rares ou trop uniques (*-inze, -onze, -orze,* par exemple) ; il était nécessaire d'avoir dans les quatrains au moins quarante mots différents et dans les tercets vingt. [...]
>
> Chaque sonnet devait, sinon être parfaitement translucide, du moins avoir un thème et une continuité, sinon les $10^{14} - 10$ autres n'auraient pas eu le même charme.
>
> La structure grammaticale, enfin, devait être la même et demeurer invariante pour chaque substitution de vers. Une solution simple aurait été que chaque vers formât une proposition principale. Je ne me suis permis cette facilité que dans le sonnet n° 10 (le dernier !). J'ai veillé également à ce qu'il n'y eût pas de désaccord de féminin à masculin, ou de singulier à pluriel, d'un vers à l'autre dans les différents sonnets.

> Les choses étant ainsi données, chaque vers étant placé sur un volet, il est facile de voir que le lecteur peut composer 10^{14} sonnets différents, soit cent mille milliards.
>
> Raymond Queneau, *Cent mille milliards de poèmes.*

D'autres poètes contemporains revisitent la forme du sonnet de manière moins ludique mais tout aussi profonde :

> Si tu viens pour rester, dit-elle, ne parle pas.
> Il suffit de la pluie et du vent sur les tuiles,
> il suffit du silence que les meubles entassent
> comme poussière depuis des siècles sans toi.
>
> Ne parle pas encore. Écoute ce qui fut
> lame dans ma chair : chaque pas, un rire au loin,
> l'aboiement du cabot, la portière qui claque
> et ce train qui n'en finit pas de passer
>
> sur mes os. Reste sans paroles : il n'y a rien
> à dire. Laisse la pluie redevenir la pluie
> et le vent cette marée sous les tuiles, laisse
>
> le chien crier son nom dans la nuit, la portière
> claquer, s'en aller l'inconnu en ce lieu nul
> où je mourais. Reste si tu viens pour rester.
>
> Guy Goffette, *La Vie promise.*

Dans ce sonnet non rimé, seul le premier quatrain respecte l'adéquation entre syntaxe phrastique et strophe. Ainsi le rejet « sur mes os » marque-t-il une volonté de rupture par rapport au cloisonnement strophique préconisé par Malherbe. Le poème se dit ici dans l'ambiguïté d'une forme plurivoque : lecture paradigmatique et lecture syntagmatique se chevauchent, dans l'appréhension d'un objet qui manifeste la dialectique de l'attente et de la surprise thématisée par A. Kibédi-Varga *(op. cit.)*. Réinvestir de manière singulière le champ de la forme poétique permet au poète de produire du sens à partir de la forme.

Tel est sans doute un trait principal de l'écriture poétique : investir la forme d'un sens oblique mais immédiatement décelable. L'écriture poétique recèle et décèle un sens qui lui demeure consubstantiel.

5

Versification moderne et licences prosodiques

VERS LIBRE ET POÈME EN PROSE

Ainsi, la versification, la métrique et les rimes définissent un objet poétique singulier, que trois siècles de pratique littéraire ont codifié. Les traités concernant ces « procédés » sont légion, mais ils ne peuvent suffire à définir l'ensemble des formes poétiques : le deuxième XIXe siècle, avec Baudelaire notamment, puis Mallarmé, s'attache à l'invention de nouvelles formes susceptibles d'épouser au mieux le sens du discours engagé dans tel ou tel poème. La nécessité d'une adéquation plus étroite entre forme et contenu, ainsi que l'attachement de plus en plus grand au pouvoir évocateur des mots amène donc à une révolution de l'objet poétique : les formes traditionnelles se disloquent, le mètre devient plus difficile à saisir, et la disposition strophique change. C'est l'irruption de deux nouvelles manières de saisir le rapport entre forme et sens : le poème en prose et le vers libre.

> J'apporte en effet des nouvelles. Les plus surprenantes. Même cas ne se vit encore.
>
> On a touché au vers.
>
> Les gouvernements changent : toujours la prosodie reste intacte : soit que, dans les révolutions, elle passe inaperçue ou que l'attentat ne s'impose pas avec l'opinion que ce dogme dernier puisse varier.

Il convient d'en parler déjà, ainsi qu'un invité voyageur tout de suite se décharge par traits haletants du témoignage d'un accident su et le poursuivant : en raison que le vers est tout, dès qu'on écrit. Style, versification, s'il y a cadence et c'est pourquoi toute prose d'écrivain fastueux, soustraite à ce laisser-aller en usage, ornementale, vaut en tant qu'un vers rompu, jouant avec ses timbres et encore les rimes dissimulées : selon un thyrse plus complexe. Bien l'épanouissement de ce qui naguère obtint le titre de *poëme en prose*.

Très strict, numérique, direct, à jeux conjoints, le mètre, antérieur, subsiste ; auprès.

Sûr, nous en sommes là, présentement ; la séparation.

Au lieu qu'au début de ce siècle [le XIXe siècle], l'ouïe puissante romantique combina l'élément jumeau en ses ondoyants alexandrins, ceux à coupe ponctuée et enjambements ; la fusion se défait vers l'intégrité. Une heureuse trouvaille avec quoi paraît à peu près close la recherche d'hier, aura été le *vers libre,* modulation (dis-je souvent) individuelle, parce que toute âme est un nœud rythmique.

S. Mallarmé, « La Musique et les lettres ».

Dans ce texte célèbre, Mallarmé retrace la généalogie du vers. Les deux nouvelles formes qu'il analyse tendent à révolutionner la poésie, comme l'avènement de la république a révolutionné la politique. Le vers libre permet en effet une liberté dans l'indécision permise. Il est possible de concevoir celui-ci comme un mouvement parallèle aux inventions dodécaphonistes de Schöenberg, qui visent à créer un langage musical libéré de la contrainte tonale.

Le vers dit libre se joue en effet de la mesure rythmique traditionnelle, notamment de la règle d'élision du « e » muet : selon les cas, il faudra prononcer tel « e » muet pour obtenir le nombre de syllabes voulu ; le vers repose alors sur les effets d'apocope et de syncope qui rompent l'adéquation classique entre mesure syllabique et mesure accentuelle. De même, la rime n'est plus obligatoire : telle ou telle rime peut rester sans réponse, ce qui entraîne une rupture de l'unité strophique telle que la définit la poétique classique. Seul le blanc qui sépare les blocs métriques permet d'isoler telle ou telle « strophe ». Ainsi, selon Mallarmé, le vers libre dissout-il le sentiment d'attente chère à la poétique classique, au profit d'un rythme non préétabli, mais construit à mesure que la lecture du poème progresse. Le vers est imprévisible dans cette liberté, et correspond bien à la volonté de créer une forme qui soit spécifique à chaque poème. Telle est, sans doute, une mise en pratique possible d'un passage de la deuxième « Lettre du voyant » d'Arthur Rimbaud : la poésie se doit de trouver du nouveau, tant dans les idées que dans les formes susceptibles de les exprimer :

> Donc le poète est vraiment voleur de feu.
>
> Il est chargé de l'humanité, des *animaux* même ; il devra faire sentir, palper, écouter ses inventions ; si ce qu'il rapporte de là-bas a forme, il donne forme ; si c'est informe, il donne de l'informe. Trouver une langue ;
>
> — Du reste, toute parole étant idée, le temps d'un langage universel viendra ! [...]
>
> Cette langue sera de l'âme pour l'âme, résumant tout, parfums, sons, couleurs, de la pensée accrochant la pensée et tirant. [...]
>
> En attendant, demandons aux *poètes* du *nouveau* – idées et formes.
>
> Lettre à Paul Demeny du 15 mai 1871.

Ainsi ce poème d'Apollinaire, qui se construit sur une tension entre la forme du sonnet et le vers libre, illustre-t-il la dialectique de l'attente et de la nouveauté permise par l'adoption de ce type de vers : si tel mètre est un alexandrin, tel autre ne peut en être un, ou ne peut l'être qu'à condition d'opérer une apocope ou une syncope. L'ensemble « ressemble » bien à un sonnet, mais il exprime davantage un rappel nostalgique de sa structure qu'une application de la forme au contenu du poème :

> Le pré est vénéneux mais joli en automne
> Les vaches y paissant
> Lentement s'empoisonnent
> Le colchique couleur de cerne et de lilas
> Y fleurit tes yeux sont comme cette fleur-là
> Violâtres comme leur cerne et comme cet automne
> Et ma vie pour tes yeux lentement s'empoisonne

Les enfants de l'école viennent avec fracas
Vêtus de hoquetons et jouant de l'harmonica
Ils cueillent les colchiques qui sont comme des mères
Filles de leurs filles et sont couleur de tes paupières
Qui battent comme les fleurs qui battent au vent dément

Le gardien du troupeau chante tout doucement
Tandis que lentes et meuglant les vaches abandonnent
Pour toujours ce grand pré mal fleuri par l'automne

Alcools, « Les colchiques ».

Ici, « chaque poème établit ses propres lois par rapport à celles des autres poèmes et se présente, par le fait, comme ce qui change les autres lois » (Jean-Claude Renard, *Notes sur la poésie*). À première vue, ce poème ne se présente pas du tout comme un sonnet : irrégularité métrique, quinze vers au lieu de quatorze, et le schéma des rimes ne correspond guère à celui du sonnet. Pour autant, si on considère que les vers 2 et 3 ne forment qu'un vers – « Les vaches y paissant lentement s'empoisonnent » – on obtient alors un alexandrin, ce qui incite à faire ce découpage. On obtient alors sur les huit premiers vers la récurrence des mêmes rimes en « -one » et en « -la », rappel de la structure parallèle des deux quatrains dans le sonnet classique. De même, le poème se clôt sur un tercet, allusion là encore à cette forme, et le vers 8 est un alexandrin à condition d'élider le « e » à la fin du premier hémistiche : « les enfants de l'écol(e) viennent avec fracas ».

Apollinaire construit donc son poème sur la négation de la forme sonnet, qui réapparaît néanmoins : la dialectique entre rappel du passé et forme nouvelle est inhérente au vers libre, principe matriciel de la poésie moderne et contemporaine.

Le même principe gouverne le poème en prose, tout entier tendu vers la mise en avant de la prégnance formelle, qui seule permet de distinguer le poème en prose de la prose poétique : la forme y occupe la même place que dans le poème en vers. Pour le reste, l'écriture du poème en prose est précisément fondée sur la liberté nécessaire à l'élaboration de formes nouvelles, selon le vœu de Rimbaud. On peut donc y retrouver des mètres connus au détour d'une phrase, un travail sur les sonorités (assonances, allitérations, paronomases, homéotéleutes...), mais ces critères restent suffisamment vagues pour interdire une définition formelle du poème en prose.

Cette impossibilité définitionnelle est l'indice d'une limite inhérente à toute approche trop formelle de la poésie : s'il est vrai que le genre poétique est le fruit d'un travail particulièrement visible sur la forme, ce dernier est insuffisant pour constituer une définition générique de la poésie. Témoins le poème en prose et le vers libre, formes qui échappent précisément à une appréhension formelle trop rigide. Ainsi, les formes du poème ne permettent de saisir de la poésie qu'une infinité de manifestations possibles, dans l'appréhension d'un objet déjà singulier : la double lecture (syntagmatique, paradigmatique ; voir *supra*) que réclame toute œuvre poétique est alors l'indice d'une poéticité tournée vers le langage lui-même, dans le pouvoir qu'auraient les mots de construire et définir la nature de la poésie ; tant il est vrai que le genre dans son ensemble semble construit sur la réflexion quant à l'utilisation qu'il fait du langage :

> La partie artificielle de la poésie, peut-être serait-il plus juste de dire : de toute forme d'artifice, se réduit au principe du parallélisme. La structure de la poésie est caractérisée par un parallélisme continuel [...]. Mais le parallélisme est nécessairement de deux sortes – ou bien l'opposition est clairement marquée, ou bien elle est transitionnelle plutôt ou chromatique. C'est seulement la première sorte, celle du parallélisme marqué, qui est en cause dans la structure du vers – dans le rythme (récurrence d'une certaine séquence de syllabe), dans le mètre (récurrence d'une certaine séquence rythmique), dans l'allitération, dans l'assonance, dans la rime. La force de cette récurrence consiste en ceci qu'elle engendre une récurrence ou un parallélisme correspondant dans les mots ou dans la pensée.

G. M. Hopkins, *Poetic Diction,*
cité par Roman Jakobson, in *Essais de linguistique générale.*

des mires [illegible] un demi [illegible] une [illegible] les sonorités (assonances, allitérations, paronomases, [illegible] téleutes...), mais ces critères ne sont qu'ils [illegible] intensité une définition [illegible] du poème en prose.

Cette impossibilité de [illegible] est [illegible] d'une [illegible] inhérente à toute approche trop formelle de la poésie. [illegible] que le genre poétique est le fruit d'un travail particulièrement visible sur la forme [illegible] et l'institutionnalisation [illegible] d'une définition [illegible] de la poésie [illegible] le poème en prose et le vers libre [illegible] une appréhension formelle [illegible] le poème [illegible] manifestations possibles dans l'appréhension d'un [illegible] singulier [illegible] la double [illegible] vers [illegible] que [illegible] poétique [illegible] d'une poéticité [illegible] le [illegible] vers qui auraient [illegible] de construire et définir la nature de la poésie [illegible] il [illegible] que le genre dans son [illegible] semble construit sur la réflexion quant à l'utilisation qu'il fait du langage.

La [illegible] de la poésie peut être [illegible] de toute forme [illegible] Hopkins[1]. La structure de la poésie est caractérisée par un parallélisme continuel [illegible] le parallélisme [illegible] de deux [illegible] [illegible] au [illegible] est [illegible] [illegible] plutôt [illegible] Cet [illegible] de la poésie [illegible] le parallélisme [illegible] une [illegible] syllabes [illegible] récurrence d'une certaine [illegible] rythmique [illegible] dans [illegible] la rime [illegible] un parallélisme [illegible] correspondant aux mots [illegible] dans la pensée.

1. G. M. Hopkins, [illegible], cité par [illegible] [illegible] de linguistique générale [illegible]

6

La poésie comme stylistique de genre

Les agencements formels définissent, nous l'avons vu, un premier mode de cohérence de l'objet poétique, un rapport singulier à la pratique herméneutique qu'engage la lecture ; ils orientent l'attention vers ce qu'il est convenu d'appeler, faute de mieux, le style, ou la forme. La poésie incarnerait alors un extrême du geste littéraire, dans la manifestation d'un travail sur la matérialité du texte interdit à la prose. Sommet de la pyramide des genres, la poésie serait le plus haut degré visible du style, entendu cette fois comme travail non seulement sur la forme, mais aussi sur le langage. Il existerait un langage poétique et un langage prosaïque, lequel serait plus ou moins « poétique » suivant qu'il se rapproche ou s'éloigne d'une idéalité réalisée dans le poème : la typographie, la versification, la prosodie, les rimes et la rhétorique (l'étude des tropes ou figures stylistiques dans cette optique) manifestent alors cette différence qualitative entre prose et poésie. Sur l'axe qualitatif des genres, une infinie quantité de nuances permettraient de « passer » progressivement d'un état prosaïque à un état poétique de la langue.

Une telle conception postule ainsi, peu ou prou, que tout style est poésie. L'articulation phonique, graphique et métrique définit l'art poétique dans sa singularité comme degré ultime, « paroxystique du style » :

> Du point de vue stylistique (la prose littéraire) ne diffère de la poésie que d'un point de vue quantitatif. La prose littéraire n'est qu'une poésie modérée, ou, si l'on veut, la poésie constitue la forme véhémente de la littérature, le degré paroxystique du style. Le style est un. Il comporte un nombre fini de figures, toujours les mêmes. De la prose à la poésie, et d'un état de la poésie à l'autre, la différence est seulement dans l'audace avec laquelle le langage utilise les procédés virtuellement inscrits dans sa structure.
>
> Jean Cohen, *Structure du langage poétique,* p. 149.

Plus précisément, la notion d'écart, au cœur de la théorie de Cohen, permet de concevoir un « degré zéro de l'écriture » (Roland Barthes), c'est-à-dire un niveau où le langage prosaïque demeure purement dénotatif. La poésie, au contraire, manifeste un écart émotionnel par rapport au niveau notionnel du langage dénotatif. Le langage qui nous est naturel repose sur un tel niveau : « Notre code est dénotatif. Et c'est pourquoi le poète est tenu de forcer le langage, s'il veut faire lever ce visage pathétique du monde » (*ibid.,* p. 225). L'écart entre prose et poésie est alors, pour Cohen, maximal : la poésie est l' « antiprose » ; elle se constitue comme déviation, infraction. Dans la prose, en effet, le prédicat est cohérence, pertinent par rapport au sujet de la phrase prédicative : la compréhension du sens d'un mot passe par l'opération de prédication, c'est-à-dire la possibilité de savoir quelles phrases il est possible de construire logiquement à partir de tel mot. Telle est pour Cohen la loi qui gouverne la prose : la pertinence du prédicat par rapport au sujet. Ainsi, « le chat miaule » est pertinent, et « le chat aboie » ne l'est pas. Or la poésie, entendue comme stylistique de genre, repose sur l'impertinence du prédicat. C'est le propre du trope analogique : créer un écart entre niveau dénotatif et niveau connotatif, constituer le syntagme ainsi obtenu comme écart. Telle est la conception traditionnelle de la tropologie. Les traités de rhétorique postulent que la poétique n'est pas seulement « l'arrangement mesuré des paroles », mais aussi l'invention de « figures hardies » (La Motte, *Réflexions sur la poétique en particulier*) : « Le poète doit écrire avec plus d'art » (Condillac, *Traité de l'art d'écrire*). Dès lors, « l'écart entre le discours ordinaire et la poésie doit être plus grand encore que l'écart entre celui-là et la prose littéraire. Mais les procédés restent les mêmes ; ils sont ceux, précisément, que nous enseignent les traités de rhétorique » (A. Kibédi-Varga, *op. cit.*, p. 196-197). Ainsi, le roman dit poétique peut reposer sur une telle mise en avant du trope analogique, conçu comme écart mettant en présence deux éléments hétérogènes :

> On peut faire se succéder indéfiniment dans une description les objets qui figuraient dans le lieu décrit, la vérité ne commencera qu'au moment où l'écrivain prendra deux objets différents, posera leur rapport, analogue dans le monde de l'art à celui qu'est le rapport unique de la loi causale dans le monde de la science, et les enfermera dans les anneaux nécessaires d'un beau style. Même, ainsi que la vie, quand, en rapprochant une qualité commune à deux sensations, il dégagera leur essence commune en les réunissant l'une et l'autre pour les soustraire aux contingences du temps, dans une métaphore.
>
> Marcel Proust, *À la recherche du temps perdu*, t. 7, *Le Temps retrouvé*.

C'est en s'opposant à une conception de la poésie comme stylistique de genre que Genette, reprenant les propos de Mallarmé et Valéry, analyse la poésie comme « effort pour "rémunérer", fût-ce illusoirement, l'arbitraire du signe, c'est-à-dire pour *motiver le langage* » (*op. cit.*, p. 145). Le caractère intransitif du poème tiendrait alors de ce que Paul Éluard nomme « l'évidence poétique » : non pas une forme déterminée par tels ou tels procédés stylistiques, mais un état ; la poésie serait alors le langage sans écart, parfait dans l'abolition de l'arbitraire qui fonde le langage lui-même, « une sorte de station incompréhensible et toute droite au milieu de tout dans l'esprit » (Antonin Artaud, *Le Pèse-nerfs*).

Pour la poétique classique, appréhender la poésie en tant que catégorie générique se résume souvent à étudier les tropes : la poétique est alors une stylistique de genre. Le langage employé par le poète diverge du langage utilisé par le romancier, par l'usage de ces figures qui sont conçues à la fois comme ornements du discours et désignations de l'opération poétique. Tel poème discursif ne peut se distinguer de son équivalent prosaïque que par l'affichage d'effets poétiques qui restent de ce fait extérieurs au sens du texte. Extérieurs, mais aussi artificiels, par rapport au critère de la *mimésis*.

1. Existe-t-il un lexique poétique ?

Le lexique ou vocabulaire employé est un premier moyen d'entrer dans cette spécificité rhétorique de la poésie : la poétique de l'époque classique repose en effet souvent sur un emploi singulier des mots. Bannis les termes usuels, familiers, c'est-à-dire prosaïques : le lexique poétique est recherché, voire précieux. Le poète classique emploiera « flamme » pour dire « amour », « trépas » pour « mort », « rosée » pour « matin ». Le critérium du vocabulaire définit ainsi un premier usage du langage vu comme écart par rapport à la prose. Le respect des bienséances dans la tragédie, ou la poésie du XVIIe siècle, particulièrement les courants de la préciosité et du maniérisme, tendent à construire le poème comme objet indirect et solennel. Le vocabulaire poétique fait alors très souvent usage de la périphrase, notamment pour éviter, dans cette optique, les termes banals ou communs. La poésie dite précieuse n'est alors pas propre au premier XVIIe siècle : « Partout où il y a des poètes, il y aura des précieux » (René Bray). La préciosité littéraire, ainsi définie, constitue une déviation par rapport à la poésie elle-même, un état de gonflement et d'enflure du « langage figuré » (Acaste, *Les Précieuses ridicules,* I, 2). Ainsi Alceste, dans *Le Misanthrope,* dit-il préférer une forme de poésie simple et naïve, qu'incarne la chanson. Et de citer contre le sonnet trop affecté d'Oronte :

> Si le roi m'avait donné
> Paris, sa grand'ville
> Et qu'il me fallût quitter
> L'amour de ma mie
> Je dirai au roi Henri :
> Reprenez votre Paris,
> J'aime mieux ma mie, au gué,
> J'aime mieux ma mie.

Chanson à laquelle on peut opposer ce sonnet de Philippe Desportes, typique de l'esthétique précieuse :

Je ressemble en aimant au valeureux Persée
Que sa belle entreprise a fait si glorieux,
Ayant d'un vol nouveau pris la route des dieux,
Et sur tous les mortels sa poursuite haussée.

Emporté tout ainsi de ma haute pensée,
Je vole aventureux aux soleils de vos yeux,
Et vois mille beautés qui m'élèvent aux cieux
Et me font oublier toute peine passée.

Mais, hélas, je n'ai pas le bouclier renommé,
Dont contre les périls Vulcain l'avait armé,
Par lequel sans danger il put voir la Gorgonne.

Au contraire à l'instant que je m'ose approcher
De ma belle Méduse inhumaine et félonne,
Un trait de ses regards me transforme en rocher.

La poésie amoureuse de l'âge baroque, p. 170.

La périphrase, « formulation qui contourne un terme ou une idée en utilisant plus de mots que nécessaire » (Bergez, Géraud, Robrieux, *Vocabulaire de l'analyse littéraire,* Dunod), tend en poésie à la circonlocution : figure de l'amplification, donc, la périphrase ordonne un sens latent qui repose ici sur une comparaison toute précieuse entre le poète et Persée. Seule la connaissance du *topos,* du « lieu commun » mythologique, permet de lever le voile sur le sens du poème. Cette figure ne constitue pas ici le seul écart par rapport au langage prosaïque : le recours aux noms propres, au sens figuré des mots, à la métaphore et aux comparaisons définit cet écart qui se doit d'être résorbé. Le vocabulaire a ici pour fonction d'orner et d'embellir le poème, mais il n'est pas le gage d'un hermétisme poétique total. La connaissance des lieux communs (la comparaison du soleil et des yeux de l'aimée, mais aussi le recours au mythe de la Gorgone) associe le lecteur et le poète dans un horizon culturel commun : le plaisir de la lecture est alors celui de la reconnaissance, plaisir du déchiffrage de la périphrase. Une fois comprise, elle résorbe le poème dans la lisibilité des signes offerts.

L'emploi de la périphrase n'est néanmoins pas, loin s'en faut, la seule manière de faire signe vers la singularité lexicale de l'objet poétique : l'emploi de mots recherchés, là aussi précieux en un autre sens, contribue à ériger le poème en objet artificiel, porté à la fois par le mot familier et le mot rare. Telle est la dialectique des mots dans le premier quatrain du sonnet en « yx » de Mallarmé :

> Ses purs ongles très haut dédiant leur onyx,
> L'Angoisse ce minuit, soutient, lampadophore,
> Maint rêve vespéral brûlé par le Phénix
> Que ne recueille pas de cinéraire amphore.

Ici Mallarmé atteint l'extrême degré de l'hermétisme poétique : « onyx », « lampadophore », et au quatrain suivant le célèbre substantif « ptyx », qui pourrait bien avoir été inventé par l'auteur pour les besoins de la rime, voisinent avec des termes plus courants, dans l'engendrement d'un sens des plus indéchiffrables. C'est ici non de l'emploi de mots rares mais de la combinaison entre mots rares et mots courants que naît le sentiment d'étrangeté poétique qui frappe si fort à la lecture – et à la relecture – de ce sonnet paradigmatique d'une certaine conception de la poésie comme choc des mots, « compte sidéral en formation » : « Le poète cède l'initiative aux mots, par le heurt de leurs inégalités mobilisées ; ils s'allument de reflets réciproques comme une virtuelle traînée de feux sur des pierreries » (Mallarmé, *Crise de vers*). Héritier du mouvement parnassien de « L'Art pour l'Art » cher à José-Maria de Heredia, il postule ainsi dans l'acte même de la lecture la création d'un objet artistique artificiel paradoxal ou dialectique, faisant un usage singulier du vocabulaire et de l'agencement des mots.

Si un tel vocabulaire désigne le poème dans l'opération de la nomination, tout un courant littéraire réagit néanmoins contre un tel usage précieux du langage. Ainsi Victor Hugo :

> J'ai dit à la narine : Eh mais ! tu n'es qu'un nez !
> J'ai dit au long fruit d'or : Mais tu n'es qu'une poire !

« Réponse à un acte d'accusation », *Les Contemplations.*

Le romantisme puis Baudelaire, au nom de la modernité poétique qui sera si chère à Rimbaud, ouvrent le langage au vocabulaire usuel, voire aux mots familiers :

Et le ciel regardait la carcasse superbe
Comme une fleur s'épanouir.
La puanteur était si forte, que sur l'herbe
Vous crûtes vous évanouir.

Les mouches bourdonnaient sur ce ventre putride,
D'où sortaient de noirs bataillons
De larves, qui coulaient comme un épais liquide
Le long de ces vivants haillons.

Charles Baudelaire, *Les Fleurs du Mal,* XXIX,
« Une charogne ».

Ici les mots dits « poétiques » voisinent avec les termes les plus crus : si les poètes sont censés ne « [regarder] les choses que par les endroits capables de charmer » (Bertrand Lamy, *La Rhétorique,* p. 346), Baudelaire contrevient aux bienséances. Mais, plus profondément, même dans cette description scatologique, Baudelaire conserve au « beau langage » toute sa place, par la mention du « ciel » ou la comparaison entre le cadavre et la « fleur », tant il est difficile de se débarrasser des mots dits nobles. L'emploi du vocabulaire en poésie est bien spécifique : le style poétique n'est pas lisse et uniforme ; y voisinent les mots les plus banals et les plus recherchés. Le problème est alors de savoir où se situe la frontière entre les deux registres de langue. Sans doute chaque mot recèle-t-il une virtualité poétique propre : l'actualisation du mot dans le discours est l'occasion pour le poète de constituer celui-ci en termes poétiques. L'exemple limite le plus connu de cette « poétisation » du lexique prosaïque est le poème « Île » d'André Breton *(Clair de Terre).* Ce poème ne repose en effet que sur un seul mot, « île », inscrit de manière verticale sur la page (voir *Œuvres complètes,* La Pléiade, t. I, p. 180). Le vocabulaire est alors détourné de sa fonction première – communiquer, transmettre un message :

Dire qu'une chose signifie, c'est dire qu'elle conduit à une autre, et non à un état où elle est intermédiaire. Il y a inégalité fonctionnelle entre le signe et la chose signifiée.

Mais dans la recherche d'état et de résonance, il y a au contraire, commensurabilité – équivalence – complémentarité-symétrie ou symétrie.

C'est peut-être là le vrai – sens à donner à l'expression métaphysique de chose-en-soi !

C'est dire qu'en poésie – la distinction du signe et du sens change de nature – Comme dans la danse, les actes des membres ne sont plus définis par des choses extérieures – Le sol devient autre chose – le temps, autre chose – La vue le cède à l'ouïe – les objets s'effacent ou sont des accessoires et non plus nuls ou principaux – car dans l'acte à conditions aux limites les objets sont – les uns, nuls – et quelque objet – essentiel.

[...] En poésie, donc, changements de valeurs (du langage). D'ailleurs un homme devient poète de la même sorte.

Paul Valéry, *Poésie,* Gallimard, « Poésie », p. 131.

Chaque mot, même le plus trivial, recèle des virtualités poétiques que le poète actualise dans l'opération de leur nomination, qui dit la prégnance du signifiant sur l'objet.

2. Les tropes comme poétique de genre.

Ainsi la poésie semble-t-elle reposer sur une opération de distorsion du langage usuel, tant dans l'usage dialectique qu'elle fait des registres du langage que dans l'emploi des tropes, c'est-à-dire des figures de style. Ce dernier usage fonde pour une large part l'existence de la poétique sur le recours aux catégories de la rhétorique traditionnelle : la comparaison, la métaphore... permettent de « percevoir un langage », c'est-à-dire d'« imaginer, dans le même espace ou dans le même instant, un silence ou un autre langage. Il y a donc ceci d'exemplaire dans la rhétorique des figures, et dans sa version la plus délibérément "substitutionnaliste", qu'elle *figure,* à son tour, un mouvement nécessaire, constitutif, de la pensée du langage et de son exercice même. Sans le pouvoir de se taire ou de dire autre chose, il n'y a pas de parole qui vaille [...]. Nous ne pouvons parler si nous ne savons pas pourquoi nous parlons, pourquoi nous disons *ceci plutôt que cela.* La parole *obligée* n'oblige pas, la parole qui n'a pas été élue parmi d'autres paroles possibles, cette parole ne dit rien, ce n'est pas une parole. S'il n'y avait pas de figures, y aurait-il seulement un langage ? » (Gérard Genette, introduction à l'ouvrage de Fontanier, *Figures du discours*).

Les tropes expriment ainsi une virtualité du langage, désignent l'espace littéraire comme espace des possibles actualisés dans telle ou telle forme. C'est précisément en partant de l'analyse historique des distorsions que la poésie constitue par rapport au langage que Jean Cohen élabore la théorie de la poésie comme écart : l'étude formelle et structurelle du genre poétique depuis le XVIIe jusqu'aux années 1960 met en lumière selon lui une non-coïncidence croissante de la syntaxe et de la métrique : les coupes, les enjambements tendent au cours de ces trois siècles à briser de plus en plus l'adéquation chère à Malherbe entre syntaxe et mètre, puis entre syntaxe et strophe : le concept d'« impertinence » retient alors toute l'attention de Cohen : la phrase poétique est spécifique et singulière en ce qu'elle est objectivement fausse mais subjectivement vraie. D'où la primauté de la connotation sur la dénotation. Or la connotation repose essentiellement pour Cohen sur les figures de style qui dénoncent et assument cet écart : recenser l'écart poétique, c'est prendre en compte la distorsion introduite par l'emploi des tropes analogiques, puis résorber celle-ci dans une poétique du genre, entendue précisément comme développement du concept d'impertinence. Ainsi dans ce vers célèbre de Malherbe :

> Et les fruits passeront la promesse des fleurs.

L'impertinence provient de l'écart entre le singulier du prédicat (« la promesse des fleurs ») et le pluriel du sujet (« les fruits »). Dès lors, écrire « les fruits passeront les promesses des fleurs » serait une métaphore usuelle : les promesses seraient alors des signes précurseurs conformes au code que les fleurs délivrent. En revanche, le singulier permet au lexème « promesse » de garder son sens initial fort de « serment », propre aux hommes et impropre aux fleurs. L'impertinence grammaticale de la métaphore permet de créer précisément une métaphore originale qui repose, pourrait-on dire, sur une double connotation : les fruits comme aboutissement et dépassement de la floraison, et les fruits comme accomplissement d'un serment, d'un pacte entre la nature personnifiée et les fleurs.

Cohen analyse l'emploi de l'adjectif et des éléments déterminants sous l'angle de ce même concept d'impertinence : si l'on a pu voir dans l'adjectif un élément grammatical « antipoétique », c'est qu'il redouble en poésie les propriétés déjà contenues dans le nom qu'il détermine. Ainsi, dans ce vers de Vigny – Une verte émeraude a couronné sa tête –, l'épithète « verte » est impertinente dans la mesure où elle entre en redondance par rapport aux qualités de l'émeraude, par nature verte.

Ainsi, le langage dont le poète fait usage est-il faux de manière objective : « Les souvenirs sont cors de chasse » (Apollinaire) est impertinent du point de vue dénotatif, dans la mesure où un objet concret (le cor) définit un objet abstrait (les souvenirs). C'est seulement du point de vue connotatif, c'est-à-dire en prenant en compte le sens figuré offert par l'usage du trope métaphorique, que cette phrase possède un sens. Un des exemples les plus connus d'impertinence poétique qu'analyse Cohen est ce début d'un poème d'Éluard, qui repose tout entier sur l'impertinence métaphorique d'un point de vue dénotatif :

> La terre est bleue comme une orange
> Jamais une erreur les mots ne mentent pas
>
> « L'amour la poésie ».

Ici, s'en tenir au niveau dénotatif, c'est faire le constat d'un échec du sens : les propriétés de l'orange (la couleur) rentrent en contradiction avec l'attribut « bleue » de manière flagrante, et ce au moment précis où le poète affirme l'existence d'une vérité absolue dite par le langage. Le paradoxe et l'impertinence sont donc maximums. Il faut décomposer cette proposition en trois temps pour pouvoir en rendre compte :

— la Terre est ronde ;
— la Terre est comme une orange (rotondité) ;
— la Terre est bleue, tout au moins vue du ciel.

C'est donc en combinant ces trois propositions logiquement justes que l'on peut obtenir le vers considéré : l'analogie en œuvre ici repose sur la mise en place d'équivalences troublantes, dans la recherche d'un écart signifiant. Ici, dire le monde signifie le recomposer dans l'énonciation d'une proposition analogique. Le langage poétique se fonde alors sur un refus de la loi causale au profit d'une poétique de l'analogie : la place centrale de la rhétorique dans le phénomène poétique se trouve pleinement justifiée.

Principaux tropes poétiques

La métaphore et la comparaison : elles sont fondées sur un rapport d'analogie entre les deux termes mis en présence. Ce sont les figures clés de la rhétorique, car elles visent à saisir la ressemblance contenue dans les deux termes. « La comparaison est [...] une métaphore qui ne diffère que par le mode de présentation ; aussi est-elle moins agréable, parce qu'elle est présentée trop longuement » (Aristote, *La Poétique*). Pour les Grands Rhétoriqueurs, la métaphore est une comparaison abrégée, qui omet le terme permettant la comparaison (le plus souvent « comme »).

La métonymie : c'est « la désignation d'un objet par le nom d'un autre objet qui fait comme lui un tout absolument à part, mais qui lui doit ou à qui il doit lui-même plus ou moins, ou pour son existence, ou pour sa manière d'être » (Fontanier, *Figures du discours*). La métonymie établit donc un glissement de sens de la cause à l'effet, de l'instrument à celui qui l'emploie, du contenant au contenu, du lieu à la chose...

La synecdoque : elle définit un rapport d'inclusion entre les deux termes mis en présence, tel que le terme figuré soit lié au terme propre auquel il se substitue. La synecdoque opère une substitution et un lien entre la partie et le tout, ou le tout et la partie, entre le singulier et le pluriel (et *vice versa*)...

Cet ensemble de figures définit la fonction poétique – la poéticité du texte – comme transfert, refusant l'argumentation ou la narration au profit de l'analogie. Certes, la poésie ne refuse pas totalement la catégorie du narratif – c'est le poème épique – mais la densité fournie par la rhétorique poétique induit un mode de narration spécifique, qui contredit la linéarité temporelle de la prose. Ainsi les poèmes en prose semblent-ils aptes à « raconter » quelque chose ou, du moins, à développer un embryon de récit. Mais, dans sa préface au *Spleen de Paris,* Baudelaire récuse précisément la dimension narrative du poème en prose, annonciateur en cela des pages consacrées par Breton au roman dans le *Manifeste du surréalisme* de 1924 : « Je ne suspends pas la volonté rétive [du lecteur] au fil interminable d'une intrigue compliquée », écrit Baudelaire. Mallarmé va plus loin encore dans le refus de la narrativité :

> La fiction affleurera ou se dissipera, vite, d'après la mobilité de l'écrit, autour des arêtes fragmentaires d'une phrase capitale dès le titre introduite et continuée. Tout se passe par raccourci, en hypothèse ; on évite le récit.
>
> Stéphane Mallarmé, préface au *Coup de dés.*

Dans cette ultime œuvre de Mallarmé, la phrase « capitale » s'étend sur l'ensemble du poème : « Un coup de dés jamais n'abolira le hasard », doublée d'une autre phrase qui prend en quelque sorte le relais de la première : « Rien n'aura eu lieu que le lieu excepté peut-être une constellation. » Ici, le poème demeure indifférent à la narration et à l'argumentation : les mots, dans leur matérialité et les modes d'organisation sémiotique qu'ils construisent, sont premiers. La matérialité du signifiant, à l'inverse de l'argumentation prosaïque, met l'accent sur la manière dont les mots, par « le heurt de leurs inégalités mobilisées [...], s'allument de reflets réciproques comme une virtuelle traînée de feu sur des pierreries » (Mallarmé).

Ainsi l'étude des tropes définit-elle une poéticité du poème, qui repose sur la ruine de l'argumentation logique au profit de la mise en rapport des termes utilisés par le poète. Dans *Signe ascendant,* André Breton met l'accent sur la dimension analogique de la poésie : *« Comme » est le mot le plus « exaltant » de la langue française, le mot le plus « haïssable » est le mot « donc ».*

3. La poésie comme art de l'ornementation.

Toute conception de la poésie comme mise en œuvre particulière des figures de style met en avant le concept d'ornementation : la résorption de la fonction poétique dans la fonction rhétorique. Nombre de poètes ont protesté contre « la confusion entre Rhétorique et Poétique, et donc entre éloquence et poésie » (M. Munteaneo, « Principes et structures rhétoriques », in *Revue de littérature comparée,* 1957). A. Kibédi-Varga (*op. cit.,* p. 194-234) dresse un panorama complet de ces différentes figures qui participent de la poétisation toute rhétorique du genre ; il s'agit en effet, pour le lecteur, comme dans la poésie dite précieuse, de reconnaître les « lieux » rhétoriques mis en œuvre par le poète. Là encore, la poésie se dit comme écart par rapport au langage usuel, dans une manière d'écrire non commune – un *ethos* auctoral, en quelque sorte. De ce point de vue, la poésie est alors une manière particulière d'user des artifices (au sens étymologique) de la rhétorique : « la poétique n'est autre chose que la partie la plus contrainte et la plus observée de l'Art oratoire » (Le Grand, cité par A. Kibédi-Varga, *op. cit.,* p. 195).

La poésie définie comme art rhétorique procède donc à un usage particulier du langage, usage qui définit une rhétorique de la poésie : l'inversion, la répétition, l'antithèse... participent d'une poétisation du langage. Les structures langagières ainsi dégagées permettent d'élargir le champ de la rhétorique lexicale à la structure du poème dans son ensemble.

L'inversion du prédicat et du sujet permet, dans la poétique classique, la mise en avant du rythme propre à l'alexandrin et la mise en évidence des syntagmes antéposés. La figure du chiasme, qui permet d'introduire une rupture de l'ordre linéaire du discours usuel, est alors une figure privilégiée. Ainsi dans l'ouverture de ce poème d'André Chénier :

> Pleurez, doux alcyons, ô vous, oiseaux sacrés,
> Oiseaux chers à Thétis, doux alcyons, pleurez.
> Elle a vécu, Myrto, la jeune Tarentine.

Les Bucoliques, « La jeune Tarentine ».

Le chiasme est ici une figure de la répétition dans l'inversion syntaxique des termes redupliqués. La répétition est un procédé rhétorique extrêmement répandu en poésie : répétition de sons (les allitérations, les assonances, les rimes...) ou répétition des mêmes structures syntaxiques. C'est alors du ressassement incessant d'un texte arraché à la temporalité que naît la fonction incantatoire et envoûtante propre à la poésie orphique :

Ô beaux yeux bruns, ô regards destournez,
Ô chaus soupirs, ô larmes espandues,
Ô noires nuits vainement atendues,
Ô jours luisans vainement retournez :

Ô tristes pleins, ô désirs obstinez,
Ô tems perdus, ô peines despendues,
Ô mille morts en mile rets tendues
Ô pires maus contre moi destinez :

Ô ris, ô front, cheveux, bras, mains et doits :
Ô lut pleintif, viole, archet et vois :
Tant de flambeaux pour ardre une femelle !
[...]

Louise Labé, *Sonnets,* « Sonnet II ».

Ici, la série d'anaphores fondée sur la répétition des mêmes structures syntaxiques et phoniques crée ce sentiment de ressassement, de temps suspendu dans l'énumération des « armes » du séducteur.

7

Poétique du langage

La spécificité de la poésie ne tient donc pas aux objets dont elle traite : la poéticité du genre n'est pas, en effet, dans le contenu du poème mais dans l'usage « poétique » du langage qu'elle met en œuvre. Loin d'être un genre variable historiquement en fonction des « thèmes » ou objets qu'elle prend pour référent de son discours, elle s'affiche dans le type de langage qu'elle emploie comme mode d'organisation spécifique : « Ce n'est pas avec des idées qu'on fait un poème, c'est avec des mots » (S. Mallarmé). La poésie ne peut se définir exclusivement par les thèmes qu'elle illustre, thèmes dits « poétiques », comme l'amour, la rêverie devant la mer, la mélancolie, la nostalgie..., thèmes chers à la poésie baroque et romantique, entre autres. S'en tenir à une conception thématique de la poésie revient à considérer la poéticité comme fruit d'une union entre prose (les thèmes développés) et ornements (les figures rhétoriques qui « enjolivent » le poème). Ainsi, pour Roland Barthes, la question du rapport entre prose et poésie n'est pas une question de quantité – un style plus ou moins travaillé – mais de nature, d'essence : dans le poème, chaque mot est doué d'une épaisseur polysémique, il vaut par lui-même : « La parole poétique [est] une parole terrible et inhumaine. Elle institue un discours plein de trous et plein de lumières, plein d'absences et de signes sur-nourrissants, sans prévision ni permanence d'intention et par là si opposé à la fonction sociale du langage, que le simple recours à une parole discontinue ouvre la voie de toutes les surnatures » (*Le degré zéro de l'écriture,* « Y a-t-il une écriture poétique ? »).

Il existe bien une différence de nature entre la prose et la poésie : la poésie met en œuvre un type textuel spécifique, qui repose sur un invariant défini non par rapport à des attributs extérieurs au langage, mais par un mode d'organisation des énoncés qui est indépendant de ses contenus, comme de telle ou telle réalisation particulière. La poésie ne peut être assimilée à la simple disposition typographique ou métrique, sauf à ne pouvoir rendre compte du poème en prose et des vers libres : la métrique, la prosodie... désignent un objet particulier, mais ces procédés stylistiques tout comme les procédés rhétoriques ne peuvent suffire à définir, c'est-à-dire englober totalement la poésie. C'est non seulement dans une utilisation particulière du langage que la poésie trouve son « essence », mais aussi dans la manière dont elle travaille la dimension signifiante du mot.

Dès lors, il est possible de rendre compte plus profondément de la différence entre prose et poésie : « Le langage non poétique désigne soit quelque chose de particulier (concret et individuel), soit quelque chose de général. Autrement dit, le signifié du langage non poétique est soit une catégorie particulière (concrète et individuelle), soit une catégorie générale suivant le contexte. [...] Le signifié poétique est, dans cette acception, *ambigu.* Il prend les signifiés les plus concrets en les concrétisant au possible (en leur attribuant des épithètes de plus en plus particulières et inattendues) et en même temps les soulève, pour ainsi dire, à un niveau de généralité qui dépasse celle du niveau conceptuel » (Julia Kristeva, *Séméiotikè,* « Poésie et négativité »). Le langage poétique est alors un déni de communication : il matérialise une déviation dans la mesure où il renvoie et ne renvoie pas à un signifié. La poésie postule donc une existence et une non-existence du référent. Pas d'affirmation logique ici, mais une affirmation qui est degré second de l'analyse sémantique, qui survient en même temps que la négation du langage courant dans son devoir de communication. Pour Julia Kristeva, la poésie énonce une simultanéité chronologique et spatiale du possible et de l'impossible, du réel et du fictif : le « par rapport » à la norme logique de tout langage usuel donne lieu à la catégorisation de la poésie comme discours déviatoire, comme anomalie non plus au sens où Jean Cohen l'entend, mais dans la simultanéité d'un référent non référent du langage. Soit le poème suivant de Baudelaire, que Kristeva prend pour point de départ de son analyse :

Au milieu des flacons, des étoffes lamées,
Et des meubles voluptueux,
Des marbres, des tableaux, des robes parfumées
Qui traînent à plis somptueux,

Dans une chambre tiède ou, comme en une serre,
L'air est dangereux et fatal
Ou des bouquets mourants dans leurs cercueils de verre
Exhalent leur soupir final.

Les Fleurs du Mal, « Une Martyre ».

Ici la déviation du discours poétique repose sur l'énonciation simultanée et consubstantielle de sa concrétude et de sa généralité. À la première lecture de ces deux strophes, le langage poétique semble bien postuler un rapport avec ce qui est décrit dans cette chambre : les « flacons », les « étoffes », etc. Le langage permettrait alors une description du lieu construit par le discours, langage dit « poétique » parce qu'il repose sur des figures stylistiques, rhétoriques et métriques singulières. On est encore dans une conception de la poésie comme « prose + ornements ». Mais le discours déviatoire naît ici de la présence des adjectifs qualificatifs qui insèrent dans le langage des termes abstraits qui ne peuvent s'appliquer en toute logique aux objets qu'ils qualifient. Ainsi, dans le langage non poétique, on ne peut pas dire de meubles qu'ils sont « voluptueux », ou de bouquets qu'ils sont « mourants ». Cette présence indique alors l'ambivalence propre au signifié poétique : la poésie « affirme l'existence d'une non-existence et réalise l'ambivalence du signifié poétique » (J. Kristeva, *op. cit.,* p. 192). En effet, le poème ne dit pas ici qu'il est impossible que la proposition logique des « meubles voluptueux » soit vraie ; elle juxtapose simultanément l'affirmation de cette proposition et sa négation, elle pose le rapport indissociable du vrai et du faux, du réel et du fictif. La poésie apparaît alors comme le lieu des possibles, où le langage usuel s'abolit dans la contradiction et l'opération du nié non nié propre au signifié poétique : la notion d'écart retrouve ici une forme de pertinence, mais dans une tout autre acception que celle développée par Jean Cohen. C'est bien en effet le « par rapport » à la logique de la parole usuelle qui « donne lieu à la catégorisation de la poésie comme discours déviatoire, comme anomalie » (*ibid.*, p. 193).

1. La fonction poétique : linguistique et poétique.

La poésie hérite donc du langage, mais en fait un usage spécifique, « déviatoire », ce qui permet de rendre compte du genre poétique dans son ensemble comme opération linguistique spécifique. Si la prose est un discours qui « va tout droit » à son référent, la poésie est essentiellement organisée par le principe de récurrence : les refrains, les vers, les anaphores, les analogies, le rythme, la mesure... – autant de traits que nous avons analysés – construisent et désignent un objet tout entier organisé par le retour du même, le *versus* en latin : la poésie repose sur le principe d'équivalence. C'est désormais sur les théories linguistiques et non plus rhétoriques que la poétique moderne repose, tout au moins pour ce qui concerne la « fonction poétique ». Déplacement symptomatique d'un primat accordé non pas au contenu, ni aux figures, mais au signe linguistique lui-même, en tant qu'il est l'objet d'une opération spécifique en poésie. Ces théories linguistiques quant à la fonction poétique reposent sur la notion de signe : Ferdinand de Saussure définit le signe comme rapport « arbitraire » entre le signifiant (le mot) et le signifié (la chose désignée par le mot). Tout mot – et, partant, tout discours – possède donc un fort degré d'arbitraire, de par l'absence de motivation du rapport entre signifiant et signifié : « L'idée de "sœur" n'est liée par aucun rapport intérieur avec la suite de sons /s-ö-r/ qui lui sert de signifiant » (Saussure). C'est de cette impuissance à motiver l'arbitraire du signe que naît la rêverie poétique sur un langage pleinement motivé, dont on trouve l'écho dans le *Cratyle* de Platon : Cratyle croit en la justesse des mots, en l'adéquation naturelle entre le mot et la chose, postulat que l'on appelle le « cratylisme ».

Partant du constat de l'impossibilité de fonder une définition de l'essence de la poésie sur des critères thématiques, Roman Jakobson recentre le genre sur le rapport qu'il entretient avec le langage, et plus précisément sur le mot en tant que signe :

> À l'époque classique ou romantique, la liste des thèmes poétiques était fort limitée. Rappelons-nous les exigences traditionnelles : la lune, un lac, un rossignol, des rochers, une rose, un château, etc. [...] Aujourd'hui, toute fenêtre est également poétique aux yeux du poète, depuis l'immense baie vitrée d'un grand magasin jusqu'à la lucarne souillée par les mouches d'un petit café de village. [...] La question du thème poétique est donc aujourd'hui sans objet.
>
> *Huit questions de poétique,* « Qu'est-ce que la poésie ? ».

Et Jakobson de définir la poésie en fonction de la poéticité :

> J'ai déjà dit que le contenu de la notion de *poésie* était instable et variait dans le temps, mais la fonction poétique, la *poéticité,* comme l'ont souligné les formalistes, est un élément *sui generis,* un élément que l'on ne peut réduire mécaniquement à d'autres éléments. [...] Si la poéticité, une fonction poétique d'une portée dominante, apparaît dans une œuvre littéraire, nous parlerons de poésie.
>
> Mais comment la poéticité se manifeste-t-elle ? En ceci, que le mot est ressenti comme mot et non comme simple substitut de l'objet nommé ni comme explosion d'émotion. En ceci, que les mots et leur syntaxe, leur signification, leur forme externe et interne ne sont pas des indices indifférents de la réalité, mais possèdent leur propre poids et leur propre valeur *(ibid.).*

Ainsi la fonction poétique du langage est-elle centrée sur le signe lui-même et non plus sur la nécessité de communiquer.

La fonction poétique se différencie ainsi des autres « fonctions » du langage : les fonctions émotive (engagement du sujet vis-à-vis de ce dont il parle), référentielle (langage centré sur le contexte), phatique (sert à « établir, prolonger ou interrompre la communication, à vérifier si le circuit fonctionne bien »), métalinguistique (vérification que locuteur et allocutaire usent bien du même code, se comprennent bien), conative (orientée vers le destinataire, elle use souvent du vocatif et de l'impératif). La fonction poétique, quant à elle, met « l'accent sur le message pour son propre compte ». (Voir à ce sujet l'ouvrage fondateur de Roman Jakobson, *Essais de linguistique générale*.)

La fonction poétique est donc centrée non sur le contenu du message (le signifié du signe) mais sur le signe lui-même et, plus précisément, sur le signifiant. Différence essentielle avec la prose, où le langage s'anéantit dans sa fonction communicative. La fonction poétique illustre alors une « visée du message en tant que tel », elle met « l'accent sur le message pour son propre compte » et, ce faisant, « met en évidence le côté palpable des signes » *(Essais de linguistique générale)*. Les autres fonctions du langage sont bien sûr présentes dans un énoncé poétique, mais la fonction poétique doit rester prédominante pour que l'on puisse parler de poésie. Dans un texte capital, Paul Valéry insiste sur le côté palpable du signe poétique : la poésie est un langage dans le langage ; la prose est *oratio prorsa* (discours qui marche en avant), alors que la poésie est *versus,* c'est-à-dire retour :

> La poésie n'a pas le moins du monde pour objet de communiquer quelque chose à quelqu'un – à quoi la prose doit suffire. Observez seulement le destin de la prose, comme elle expire à peine entendue, et expire de l'être – c'est-à-dire d'être toute remplacée dans l'esprit attentif par une idée ou figure finie. Cette idée, dont la prose vient d'exciter les conditions nécessaires et suffisantes, s'étant produite, aussitôt les moyens sont dissous, le langage s'évanouit devant elle. [...]
>
> Tout autre est la fonction de la poésie. Tandis que le fond unique est exigible de la prose, c'est ici la forme unique qui ordonne et survit. C'est le son, c'est le rythme, ce sont les rappro-

chements physiques des mots, leurs effets d'induction ou leurs influences mutuelles qui dominent, aux dépens de leur propriété de se consommer en un sens défini et certain. Il faut donc que dans un poème le sens ne puisse l'emporter sur la forme et la détruire sans retour ; c'est au contraire le retour, la forme conservée, ou plus exactement reproduite comme unique et nécessaire expression de l'état ou de la pensée qu'elle vient d'engendrer au lecteur, qui ressort de la puissance poétique. *Un beau vers renaît indéfiniment de ses cendres,* il redevient – comme l'effet de son effet – cause harmonique de soi-même.

Paul Valéry, *Variété,* « Commentaires de *Charmes* ».

2. Fonction poétique et principe de récurrence.

Si la poésie est mise en avant du signifiant au détriment du signifié, c'est en effet grâce au principe de récurrence dont parle Valéry, cette capacité qu'a le langage poétique de revenir sans cesse sur lui-même. Le sens est investi par la forme ; cette intransitivité du langage poétique « rémunère le défaut des langues » (S. Mallarmé, *Crise de vers*), c'est-à-dire compense l'arbitraire du signe : la poésie ne fait pas *avec* le langage, mais *contre* lui ; « la création poétique est d'abord violence faite au langage. Son premier acte est de déraciner les mots » (Octavio Paz, *L'arc et la lyre*). C'est dans la violence d'un déracinement de la langue que se construit le poème, nostalgie d'un cratylisme du langage impossible qu'il faudrait transposer, car les langues sont douées d'un pouvoir phonétique dont elles n'usent pas :

Les langues imparfaites en cela que plusieurs, manque la suprême : penser étant écrire sans accessoires, ni chuchotement mais tacite encore l'immortelle parole, la diversité, sur terre, des idiomes empêche proférer les mots qui, sinon, se trouveraient, par une frappe unique, elle-même matériellement la vérité. Cette prohibition sévit expresse, dans la nature (on s'y bute avec un sourire) que ne vaille de raison pour se considérer Dieu ; mais, sur l'heure, tourné à de l'esthétique, mon sens regrette que le discours défaille à exprimer les objets par des touches y répondant en coloris ou en allure, lesquelles existent dans l'instrument de la voix, parmi les langages et quelquefois chez un. À côté d'*ombre,* opaque, *ténèbres* se fonce peu ; quelle déception, devant la perversité conférant à *jour* comme à *nuit,* contradictoirement, des timbres obscurs ici, là clairs. Le souhait d'un terme de splendeur brillant – *Seulement,* sachons *n'existerait pas le vers :* lui, philosophiquement rémunère le défaut des langues, complément supérieur.

Crise de vers.

Cette rêverie sur l'adéquation des phonèmes à leur objet hante de manière récurrente l'imagination poétique d'une langue lisse et parfaite, docile à la motivation du signe. Tel Rimbaud, qui énonce l'alchimie des voyelles :

A noir, E blanc, I rouge, U vert, O bleu : voyelles,
Je dirai quelque jour vos naissances latentes :

Poésies, « Voyelles ».

Attribuer aux voyelles des couleurs et des connotations, c'est bien motiver l'arbitraire du signe, faire signe vers le cratylisme du langage. Le symbolisme des sons tend à mimer dans la forme phonique, le signifiant, le sens du mot, son rapport à l'objet qu'il désigne. Ainsi, dans ce vers fameux de Racine :

Quels sont ces serpents qui sifflent sur nos têtes

la récurrence du phonème [s] imite phonétiquement le sifflement des serpents, motive en partie l'arbitraire du signe. Pour autant, force est de constater, avec Mallarmé, le défaut inhérent aux langues : la poésie phonique ou synesthésique est un idéal que vient contrecarrer l'arbitraire du signe : impossible de motiver pleinement le signe de manière phonétique.

Jakobson propose une autre vision du signe en poésie : « La fonction poétique projette le principe d'équivalence de l'axe de la sélection sur l'axe de la combinaison » *(Essais de linguistique générale),* c'est-à-dire qu'elle projette l'axe paradigmatique sur l'axe syntagmatique. En poésie, le principe de récurrence, d'équivalence, concerne non seulement le choix des mots, mais aussi l'agencement des termes : la sélection est en effet le choix que fait le poète entre tel ou tel terme lexical. Et Jakobson de prendre l'exemple du mot « enfant » comme thème du message. Le locuteur a le choix entre « enfant », « gosse », « mioche », « gamin »... « Ensuite, pour commenter ce thème, il fait choix d'un des verbes sémantiquement apparentés – dort, sommeille, repose, somnole. Les deux mots choisis se combinent dans la chaîne parlée. La sélection est produite sur la base de l'équivalence, de la similarité et de la dissimularité, de la synonymie et de l'antinomie, tandis que la combinaison, la construction de la séquence, repose sur la contiguïté » *(ibid.)*. Ainsi la poésie, en combinant les deux axes, met-elle en rapport le lien entre le phonème et le sens, entre le signifiant et le signifié : « La superposition de la similarité sur la contiguïté confère à la poésie son essence de part en part symbolique, complexe, polysémique » *(ibid.)*. Dès lors, le poème est une structure close dont chaque partie renvoie au tout, dans un système où tout fait sens : il établit une relation entre le mot et le sens qui compense l'absence de relation entre le signifiant et le signifié. C'est en ce sens que la fonction poétique « rémunère le défaut des langues », compense l'arbitraire du signe. Le principe de récurrence et d'équivalence construit un objet poétique pleinement motivé, dans l'épaisseur des signes qu'il donne à contempler. Retournement de la fonction du signe qui met en avant la matérialité du signifiant par rapport à celle de la chose signifiée, état essentiel du langage qui se dit tout en désignant l'objet du discours : le langage poétique se prend alors pour objet tout autant qu'il se dit apte à rendre compte du monde. Le principe de récurrence oriente la poésie vers une dimension ouvertement spéculaire :

> Le vers qui de plusieurs vocables refait un mot total, neuf, étranger à la langue et comme incantatoire, achève cet isolement de la parole : niant, d'un trait souverain, le hasard demeuré aux termes malgré l'artifice de leur retrempe alternée en le sens et la sonorité, et vous cause cette surprise de n'avoir ouï jamais tel fragment ordinaire d'élocution, en même temps que la réminiscence de l'objet nommé baigne dans une neuve atmosphère.
>
> S. Mallarmé, *op. cit.*

Dès lors, la poésie fonctionne de manière métaphorique, par superposition de sens, parallélisme, récurrence et condensation polysémique, contrairement à la prose qui fonctionne de manière métonymique, c'est-à-dire par déplacement et contiguïté. La fonction poétique représente un état intransitif du langage, l'idéal d'un message centré sur lui-même, dans une motivation permanente de l'arbitraire du signe. Des onomatopées, des harmonies imitatives aux synesthésies et aux associations lexicales verticales permises par la rime, se développe une rêverie poétique sur la réduction de l'écart entre signifiant et signifié, écart qui porte néanmoins le langage. De cette dialectique insoluble témoignent les œuvres poétiques de Mallarmé ou Valéry, mais aussi les propos d'Éluard sur l'« évidence poétique », autre forme du cratylisme du signe : « Illusion, rêve, utopie nécessaire et absurde d'un langage sans écart, sans hiatus – sans défaut » (G. Genette, « Langage poétique, poétique du langage », *op. cit.*). Le poème est toujours, y compris dans sa limpidité sidérale, un objet d'une extrême ambiguïté – chevauchement et écheveau de sens.

8

Le poème, structure close ouverte à tous les possibles

L'analyse de la spécificité du langage poétique conduit ainsi à définir la poéticité comme fruit de la linguistique, c'est-à-dire comme réponse à l'arbitraire du signe. Le propre du langage poétique est alors non dans l'objet qu'il décrit, mais dans l'accent qu'il met sur sa propre nature. Le langage poétique, en tant que primat du signifiant sur le signifié, en tant que motivation, définit non l'objet de son discours, mais sa propre possibilité à dire, à exprimer. Nombre de critiques ont voulu voir dans cette « autoréférentialité » du discours poétique l'essence du genre. La critique dite thématique n'est en effet guère opératoire, nous l'avons vu, dès lors qu'il s'agit de poésie.

Si la critique thématique et génétique ne fait pas bon ménage avec la poésie, de l'aveu de Paul Valéry, c'est bien parce qu'elle reste inapte à saisir dans la généralité ce qui est singulier à la poésie, irréductible à la prose : définitions qui pourront bien qualifier les propriétés du genre, non rendre compte de son essence – la poésie creuse non seulement l'écart par rapport au langage prosaïque, mais elle n'existe peut-être que dans cet écart même.

Pour autant, le risque est grand de résorber la poésie dans une opération hermétique d'herméneutique. Cette ipséité de l'objet poème semble contredire l'évidence poétique chère à Paul Éluard, ou l'ensemble des mouvements poétiques qui englobent la Pléiade, le baroque et le maniérisme, et le classicisme – soit la représentation poétique, la référentialité dans son ensemble. Quand nous lisons tel poème des maniéristes du XVIIe, chantant de manière si délicate le sentiment amoureux, nous sommes face à un univers de signes culturels – de codes – qui ne s'apparentent guère à l'opération linguistique d'intransitivité poétique. Pour autant, l'emploi d'un tel langage, dans la concrétude d'une différence affirmée, instruit le procès de la poétique et de la rhétorique : art de l'ornement, certes, mais aussi manière de dire irréductible à la prose. Ainsi, pour Jean-Marie Gleize, si la question poétique n'a guère de sens pour les poètes et théoriciens avant le XVIIIe siècle, ce dernier s'empresse d'ajouter :

> De quoi parle la poésie ? Il est peut-être utile de poser, sans relâche, des questions naïves. Peut-être la poésie parle-t-elle en effet, se pose-t-elle, en parlant, les questions les plus naïves. Peut-être ne sait-elle pas ce qu'elle dit, ce qu'elle va dire, ce qu'elle veut dire. Ne le sachant pas, elle entre dans l'inquiétude. Et ceci dès qu'elle commence à dire (j'entends ce commencement aussi, par exemple, en termes historiques). L'ignorance fait partie de son commencement. Dès qu'il y a poésie, il y a la question, la question du dire, du comment dire, du dire autrement, du complément direct, indirect, du rebond incessant, etc. Ceci est constitutif de la poésie. Cette tourmente est la poésie.
>
> *La poésie. Textes critiques,* Introduction.

Cette intuition nous semble particulièrement juste et féconde : la poésie ne cesse de dire son propre questionnement, que ce soit dans le travail, ou dans l'inspiration orphique. Comment dire le monde, transmettre une vérité incommunicable à la prose ? Procès de la connaissance dans la poétique de Bonnefoy, celle de Claudel ou de Ponge, ou affirmation toute chamanique d'une vérité saisie dans l'enthousiasme d'une vision, la poésie fait signe. Elle exige l'interprétation, qui seule semble apte à résoudre cette inquiétude. Que dit la poésie ? Elle-même, ou sa semblable, dans une quête perpétuelle de son essence. Pouvoir de dire le monde, de se dire aussi – soit le lyrisme et la poésie « objective » prônée par Rimbaud – ne sont que les deux faces d'un unique mystère qu'elle ne cesse d'approfondir. Celle du pouvoir ontologique de sa voix. Dans cette opération « autotélique », la poésie ne cesse de tenir le monde – les différentes facettes d'une thématique variable à l'infini – et sa propre condition de possibilité.

Le poème ne cesse en effet, dans la poétique de l'image et les tropes qu'il utilise, d'interroger son possible rapport au monde, de Du Bellay, qui refuse la vision du poète comme herméneute, à Hugo, qui se pose en mage.

> Je ne veux point fouiller au sein de la nature,
> Je ne veux point chercher l'esprit de l'univers,
> Je ne veux point sonder les abîmes couverts,
> Ni dessiner du ciel la belle architecture.

Du Bellay, *Les Regrets,* sonnet 1.

Hugo, au contraire, déclare :

> Il est sain de toujours feuilleter la nature,
> Car c'est la grande lettre et la grande écriture.

Les Contemplations.

Le poème dit alors une unité primitive et primordiale du monde, puisée aux sources mêmes de la création par le pouvoir du « carmen » poétique.

L'idée du poète comme « voyant » n'est pas neuve. Elle remonte, dans cette optique, aux sources mêmes de la poésie telle que Platon la définit – le siège de l'enthousiasme. Elle construit un objet qui dépasse et dépossède son créateur. En ce sens, faire œuvre de poète, c'est égaler Dieu, lui aussi dépossédé de sa création au soir du septième jour.

Ainsi la poésie n'échappe-t-elle pas à la spécularité : qu'elle soit lyrisme subjectif, élégie, héroïde, ou revendication d'une pleine prise de possession du monde, elle se dit toujours dans le mouvement qui la porte vers son objet, sauf à n'être que cet « universel reportage » que Mallarmé bannissait.

Le poème est en effet torsion et distorsion, ne serait-ce que par la quadruple spécificité formelle qui le définit. Plus encore, il instruit le procès du sens en recentrant la chair du monde sur lui-même : selon le vœu de Ponge, la poésie est bien transmutation de la chair du monde en chair des mots.

Si le langage poétique diffère à ce point du langage courant, c'est qu'il vise en effet un autre rapport – plus essentiel, serait-on tenté de dire – aux choses : constituer l'objet poétique comme « objeu » (Ponge), c'est douer celui-ci des qualités sensibles du monde et du langage. Mallarmé rêva d'un monde qui puisse se résorber dans un Livre unique, témoin et garant de l'essence poétique et cosmique. De cet avortement, tout un versant de la poésie moderne et contemporaine (auteurs et critiques confondus) hérite l'idée que le langage est apte à produire du sens et, plus encore, à concurrencer le sens commun que l'on attribue spontanément au monde. Analyser le statut du texte poétique, c'est donc à la fois tenir la représentation héritée du concept aristotélicien de *mimésis* et sa rupture dans l'espace du langage. La poésie possède ce don particulier de dépasser le stade de son propre discours manifeste : entre l'immédiateté du « don du poème » et son sens sidéral réside l'écart d'une lecture constructive : « Le poème nous dit une chose et en signifie une autre » (Riffaterre, *Sémiotique de la poésie*). Le texte poétique possède en effet ceci de spécifique qu'il est apte à générer son propre sens (voir chapitre 4. sur les agencements formels) : les tropes, la métrique, la versification, les rimes, les strophes nous présentent dans sa concrétude immédiatement perçue un objet singulier – non commun au reste de la littérature. Tel est du reste la principale différence entre poésie et prose. La poésie, en tant que genre, peut se détourner de ce qui apparaît comme son foyer sensitif, devenir moins oblique, faire sens dans un discours orienté vers l'action ; c'est la dimension théâtrale. Le poème, dans la clôture de sa structure, représente toujours, au contraire, le fruit d'un travail singulier sur la matérialité typographique, rhétorique, formelle et langagière.

Néanmoins, l'ensemble de ces procédés propres au poème ne prend son sens que dans l'agencement respectif de ses différents matériaux, qui les met en regard les uns vis-à-vis des autres. C'est grâce au glissement de sens (les métaphores et les métonymies), aux distorsions (contradictions entre les objets évoqués dans l'espace textuel), grâce enfin à la dimension spéculaire du poème (la manière dont l'ensemble des signes qui concourt à la création de l'objet poétique entre en ligne de compte comme seul facteur opératoire du sens du texte), qu'il est possible de concevoir pleinement la poétique comme genre irréductible au théâtre ou au roman – genre à part entière, tout simplement.

Dès lors, la fameuse « spécularité » du texte que l'on a tant reproché à Mallarmé et à ses disciples n'est pas un but en soi, mais un indice parmi d'autres de cette spécificité. Le « sonnet allégorique de lui-même » joue d'ailleurs avec les trois procédés que nous venons de relever. Ces trois signes distinctifs du genre poétique possèdent une caractéristique commune : la mise en danger de la représentation, catégorie héritée de la *mimésis* aristotélicienne. Si la *poiesis* est avant tout action, création, son objet demeure ambigu. S'agit-il, dans une dialectique platonicienne, de l'image d'une image, ou bien plutôt d'une mise en procès de l'image – plus précisément de la représentation ?

C'est à ce niveau que le rapport entre le poème et le monde auquel il renvoie se pose avec le plus d'acuité : la poésie n'est ni une écriture du monde, ni une écriture de soi, mais la matérialisation d'un objet, le poème, qui est marqué par l'obliquité sémantique : ces trois modes d'obliquité se caractérisent ainsi pour Riffaterre : « Tous trois menacent la représentation littéraire de la réalité de la *mimésis* » (*op. cit.,* p. 12). Le concept de « signifiance » dérive étroitement d'une telle observation : c'est « l'unité formelle et sémantique qui contient tous les indices d'obliquité ». Que la représentation soit simplement altérée en s'écartant de la vraisemblance, ou par les agrammaticalités (ensemble des détails contradictoires, par exemple), ou plus purement annulée dans le cas du non-sens, l'objet poétique instruit donc le procès de la *mimésis.*

> Tout signe de ce texte se révélera donc pertinent à l'égard de sa qualité poétique à partir du moment où il réalise ou manifeste une modification continue de la *mimésis*. De cette façon seule, une modification peut être discernée sous la multiplicité des représentations.
>
> Le signe pertinent n'a pas besoin d'être repéré. Il suffit qu'il soit perçu comme un variant à l'intérieur d'un paradigme ou une variation affectant un invariant. Dans les deux cas la perception du signe tient à son agrammaticalité (*ibid.,* p. 13).

La question de la *mimésis,* qu'Aristote définit dans *La Poétique,* a conduit pendant des siècles à considérer la littérature dans son ensemble comme pouvoir de représentation : les mots, dans leur agencement syntaxique, sont aptes à dire quelque chose du monde. Représentation du réel et imitation constituent dans la philosophie antique un point de rupture névralgique entre Platon et son disciple. Alors que le poète est expulsé de la cité idéale au livre X de la *République,* Aristote voit dans la littérature un pouvoir créatif de re-présentation, re-description si l'on veut, du monde. Dans la *Rhétorique,* Aristote revient sur la définition du plaisir littéraire que provoque cette reconnaissance de l'objet :

> Comme il est agréable parfois d'apprendre et de s'étonner, nécessairement les choses qui sont de cet ordre sont agréables aussi – par exemple ce qui relève des arts qui sont de cet ordre sont agréables aussi – par exemple ce qui relève des arts représentatifs, comme la peinture, la sculpture et la poésie, et tout ce qui est bien représenté même si l'objet original qu'on représente n'est pas agréable ; en effet, ce n'est pas de lui que vient le plaisir, mais il y a raisonnement qui se conclut par : ceci, c'est telle chose, en sorte qu'on vient à apprendre quelque chose.
>
> *Rhétorique,* I, 1471 *b* 4.

Analyse fondamentale du plaisir du texte comme plaisir de la reconnaissance : l'émotion ressentie à la lecture de telle ou telle œuvre vient pour Aristote de la capacité qu'a le poète à dire le monde dans sa justesse ; plus encore, cette émotion est la marque et la preuve que la représentation, ou l'imitation est juste, convaincante. Le laid est alors, selon le vœu de Baudelaire, transmué en objet esthétique par le prisme de l'art. Boileau ne dira pas autre chose :

> Il n'est point de serpent ni de monstre odieux,
> Qui, par l'art imité, ne puisse plaire aux yeux ;
> D'un pinceau délicat l'artifice agréable
> Du plus affreux objet fait un objet aimable.
>
> *Art poétique,* incipit du chant III.

Percevoir l'universelle analogie dans la prose du monde, c'est faire du poète un herméneute du monde – ou de soi. Du Bellay, dans la tentation de construire une poésie tout entière tournée vers le lyrisme du sujet, n'échappe pas à cette transcription de l'émotion intime en chair des mots. Plus encore peut-être, c'est de la chair du langage que naît une vision plus grande et plus claire de son intériorité :

> Je me contenterai de simplement écrire
> Ce que la passion simplement me fait dire,
> Sans rechercher ailleurs plus graves arguments.
>
> *Les Regrets*, sonnet IV.

> Maintenant je pardonne à la douce fureur
> Qui m'a fait consumer le meilleur de mon âge,
> Sans tirer autre fruit de mon ingrat ouvrage
> Que le vain passe-temps d'une si longue erreur.
>
> [...]
>
> Si les vers ont été l'abus de ma jeunesse,
> Les vers seront aussi l'appui de ma vieillesse,
> S'ils furent ma folie, ils seront ma raison,
>
> S'ils furent ma blessure, ils seront mon Achille,
> S'ils furent mon venin, le scorpion utile
> Qui sera de mon mal l'unique guérison.
>
> *Ibid.*, sonnet XIII.

Les vers sont en effet, pour du Bellay, ses « plus sûrs secrétaires » (sonnet I), c'est-à-dire les confidents des heures, heureuses ou malheureuses. Soulager une souffrance en la couchant sur le papier, c'est postuler une équivalence entre l'intériorité et l'écriture poétique. L'objet poème est alors une transcription – « commentaires », dira du Bellay – des mouvements du cœur et de l'âme.

La *mimésis* aristotélicienne est alors indissolublement « imitation » et « création ». L'étymologie même du terme « poésie » renvoie à cette activité créatrice : restituer le réel, c'est toujours pourtant le re-décrire – manquer la littéralité du monde au profit d'un monde retrouvé, sublimé par l'écriture même : la poésie est le lieu d'une ambiguïté remarquable et insoluble. Décrire l'objet, c'est s'en éloigner, tout surgissement d'une parole sur le monde est aussi création d'un monde. Cette non-coïncidence de l'objet poétique et de la chose représentée demeure particulièrement visible dans le travail accompli sur le langage (la métaphore, la métonymie) : l'analogie est un « comme si » du réel – non pas copie, mais création qui « figure » le monde : « Seule la littérature », pour Ponge, « permet de jouer le grand jeu : de refaire le monde, à tous les sens du mot *refaire,* grâce au caractère à la fois concret et abstrait, intérieur et extérieur du VERBE, grâce à son épaisseur sémantique » (« Pages bis », *Proêmes*). Le poète, en recensant l'arbitraire du signe dans une structure close – projection de l'axe paradigmatique sur l'axe syntagmatique –, est lui-même ce rêveur émerveillé devant ce continent inconnu que son langage lui découvre : si, selon Reverdy, « il reste toujours quelque chose » *(Plupart du Temps),* ce résidu n'a plus rien de concret. La grande maison vide, ouverte à tous les vents, après la fuite de ses occupants – « Amants désespérés de ne pas se revoir » –, la maison désertée – « Vide au milieu du vent » –, n'est plus que son, matière pulvérisée dans l'harmonie phonique – toute musicale – du dernier vers : « Là-haut un bruit de pas trotte de temps en temps. » L'allitération en [t], et la régularité métrique absolue de l'alexandrin (2/2/2/2/2/2), une fois le référent pulvérisé dans l'espace du poème, reconstruisent un sens incertain, arraché à l'épaisseur sans langage : une souris, le rêve de ses habitants, ouvre à l'infini des possibles.

À l'inverse, que le monde se retire, et ne reste plus rien qu'une figuration de son absence sidérale, inscrite dans la matière du poème – aboli mais recomposé par le travail même de la négativité, cet « aboli bibelot d'inanité sonore » (Mallarmé, « Sonnet allégorique de lui-même »).

Le vide se ferait
Il n'y aurait plus de terre
Et la vague qui roulerait
serait une chanson guerrière
Le monde s'efface
Au point où je disparaîtrai
Tout s'est éteint
Il n'y a même plus de place
Pour les mots que je laisserai.

Reverdy, *Sources du vent.*

Seule la disparition du poète dans la chair des mots, cette absence du marcheur dans l'œuvre de Reverdy, amène la pulvérisation du monde, pourtant sans cesse rebâtie, dans cette « chanson », trace ultime et ô combien poétique.

Qu'est-ce alors qu'un poème, si ce n'est un état de virtualité qui suspend le monde au langage, « de la pensée accrochant la pensée et tirant » :

> Cette langue sera de l'âme pour l'âme, résumant tout, parfums, sons, couleurs, de la pensée accrochant la pensée et tirant. Le poète définirait la quantité d'inconnu s'éveillant en son temps dans l'âme universelle : il donnerait plus – que la formule de sa pensée, que la notation *de sa marche au Progrès* ! Énormité devenant norme, absorbée par tous, il serait vraiment *un multiplicateur de progrès* !
>
> Arthur Rimbaud, Lettre à Paul Demeny du 15 mai 1871.

Dans cette « alchimie du verbe », qui « [fixe] des vertiges », le poète devient « opéra fabuleux », afin de « posséder la vérité dans une âme et un corps » (Rimbaud, *Une saison en enfer*) :

> Je m'habituai à l'hallucination simple : je voyais très franchement une mosquée à la place d'une usine, une école de tambours faite par des anges, des calèches sur les routes du ciel, un salon au fond d'un lac ; les monstres, les mystères.
>
> *Une saison en enfer,* « Alchimie du verbe »,
> dans « Délires », II.

Si, selon la formule célèbre de René Char, le poème est « l'amour réalisé du désir demeuré désir », tension et rétention, rétractation, le rapport sensuel qu'entretient le poète avec les choses est avant tout ambigu et dialectique, à l'image du poème lui-même : il ne s'agit pas de représenter la chose dans sa donation – son être-au-monde, dirait Heidegger –, mais de la pulvériser pour la reconstruire dans l'espace du poème. De cette tension féconde entre forme close et ressaisissement du sens naît le poème, non plus la poésie.

La « disparition élocutoire » du poète, qui doit « laisser l'initiative aux mots » (Mallarmé), permet précisément cette réalisation non réalisée, dialectique joignant le désir et l'interdit poétique. C'est sur le refus de son être à dire que se construit une parole première, veuve de toute naissance, cette objectivité tant réclamée par Rimbaud.

Ainsi Mallarmé écrit-il, dans *Le Mystère dans les lettres,* qu'« exhiber les choses est une entreprise qui ne compte pas littérairement », puisque le travail poétique vise précisément cette « disparition élocutoire » et cette disparition de la chose au profit de « l'effet qu'elle produit » : jamais référentiel en ce sens, le poème crée toujours son objet, radicalement neuf :

> Je dis : une fleur ! et, hors de l'oubli où ma voix relègue aucun contour, en tant que quelque chose d'autre que les calices sus, musicalement se lève, idée même et suave, l'absente de tous bouquets.
>
> *Crise de vers.*

Le langage poétique est jeu sur les mots, entre eux dans le vers, et, dans le poème, clôture à nulle autre pareille de l'espace littéraire, hors l'ordre syntaxique de leurs éléments :

> Les mots s'allument de reflets réciproques comme une virtuelle traînée de feux sur des pierreries, remplaçant la respiration perceptible en l'ancien souffle lyrique ou la direction personnelle enthousiaste de la phrase *(ibid.).*

Le vers est alors ce reflet « qui de plusieurs vocables refait un mot total, neuf, étranger à la langue et comme incantatoire » *(ibid.).*

Ce primat donné aux mots sur les choses n'est pas pour autant disparition totale de l'objet, mais pulvérisation et recomposition sidérale : l'image de la « constellation », qui hante l'univers poétique de Mallarmé, vise cet agencement des mots, « reflets réciproques », dans un objet qui s'absente du réel, est pure matière poétique, musicale, palpitante.

> À la nue accablante tu
> Basse de basalte et de laves
> À même les échos esclaves
> Par une trompe sans vertu
>
> Quel sépulcral naufrage (tu
> Le sais, écume, mais y baves)
> Suprême une entre les épaves
> Abolit le mât dévêtu

Ou cela que furibond faute
De quelque perdition haute
Tout l'abîme vain éployé

Dans le si blanc cheveu qui traîne
Avarement aura noyé
Le flanc enfant d'une sirène.

L'agrammaticalité est ici totale, si bien qu'on a longtemps considéré ce poème comme l'illustration par excellence de l'hermétisme mallarméen. La syntaxe subit en effet une torsion des plus violentes, dès le premier vers : quel est ce « tu » ? Un pronom, ou le participe passé du verbe « taire ». Énigme initiale, résorbée dans la rime entre les vers 1 et 5. Paul Bénichou rétablit alors la syntaxe « courante » de ce sonnet : « Tu à la nue accablante [...] par une trompe sans vertu [...] quel sépulcral naufrage [...] abolit le mât dévêtu ? » (*Selon Mallarmé,* p. 321). Le sujet du poème, c'est-à-dire l'objet représenté, n'est guère plus clair qu'au premier abord : sans doute un naufrage, celui du sens aussi. Mais cette pulvérisation syntaxique permet l'élaboration d'une matérialité tout autre – purement musicale, dans l'abolition du navire, lui aussi pulvérisé et reconstruit comme pur reflet dans le corps du texte.

Cas limite, bien entendu, qu'un tel poème, il est symptomatique, par l'écart radical qu'il creuse, d'une définition possible du poème. Il n'est plus alors question de représentation thématique, mais bien d'un objet singulier, « monstre » littéraire qui, pour cela même, représente le plus haut point d'un pari sur le langage : le poème, structure close et spéculaire, est ouvert à l'infini des possibles, dans cet agencement sidéral des mots sur la page. À la froideur assumée d'une logique implacable mais incalculable, répond cette « virtuelle traînée de feu sur des pierreries ». Joyau du langage, le poème est un cube de glace habité par le feu.

Deuxième partie

Commentaires de textes

9

Agrippa d'Aubigné, Les Tragiques

« Misères », vers 372-424.

J'ai vu le reître noir foudroyer au travers
Les masures de France, et comme une tempête,
Emporter ce qu'il put, ravager tout le reste ;
Cet amas affamé nous fit à Montmoreau
Voir la nouvelle horreur d'un spectacle nouveau.
Nous vînmes sur leurs pas, une troupe lassée
Que la terre portait, de nos pas harassée.
Là de mille maisons on ne trouva que feux,
Que charognes, que morts ou visages affreux.
La faim va devant moi, force est que je la suive.
J'ouïs d'un gosier mourant une voix demi-vive :
Le cri me sert de guide, et fait voir à l'instant
D'un homme demi-mort le chef se débattant,
Qui sur le seuil d'un huis dissipait sa cervelle.
Ce demi-vif la mort à son secours appelle
De sa mourante voix, cet esprit demi-mort
Disait dans son patois (langue de Périgord) :
« Si vous êtes Français, Français je vous adjure.
Donnez secours de mort, c'est l'aide la plus sûre
Que j'espère de vous, le moyen de guérir ;
Faites-moi d'un bon coup et promptement mourir.
Les reîtres m'ont tué par faute de viande,
Ne pouvant ni fournir ni ouïr leur demande ;
D'un coup de coutelas l'un d'eux m'a emporté

Ce bras que vous voyez près du lit à côté ;
J'ai au travers du corps deux balles de pistole. »
Il suivit, en coupant d'un grand vent de parole :
« C'est peu de cas encore et de pitié pour nous ;
Ma femme en quelque lieu, grosse, est morte de coups.
Il y a quatre jours qu'ayant été en fuite
Chassés à la minuit, sans qu'il nous fut licite
De sauver nos enfants liés à leurs berceaux.
Leurs cris nous appelaient, et entre ces bourreaux
Pensant les secourir nous perdîmes la vie.
Hélas ! si vous avez encore quelque envie
De voir plus de malheur, vous verrez là dedans
Le massacre piteux de nos petits enfants. »
J'entre, et n'en trouve qu'un, qui lié dans sa couche
Avait les yeux flétris, qui de sa pâle bouche
Poussait et retirait cet esprit languissant
Qui, à regret son corps par la faim délaissant,
Avait lassé sa voix bramant après la vie.
Voici après entrer l'horrible anatomie
De la mère asséchée : elle avait de dehors
Sur ses seins dissipés traîné, roulé son corps,
Jambes et bras rompus, un amour maternelle
L'émouvant pour autrui beaucoup plus que pour elle.
À tant elle approcha sa tête du berceau,
La releva dessus ; il ne sortait plus d'eau
De ses yeux consumés ; de ses plaies mortelles
Le sang mouillait l'enfant ; point de lait aux mamelles
Mais des peaux sans humeur : ce corps séché, retrait,
De la France qui meurt fut un autre portrait.

Dans « Misères », livre liminaire des *Tragiques,* d'Aubigné brosse un atroce tableau des guerres de Religion : le procédé rhétorique de l'hypotypose gouverne une vision apocalyptique de la France, grand corps déchiré par cette guerre intestine. Vaste mouvement descriptif donc, ce premier livre est aussi tout entier habité par la rhétorique judiciaire, qui vise à condamner les assassins catholiques et louer l'héroïsme désespéré des protestants. D'Aubigné se pose en témoin des carnages et atrocités commis, afin de mieux convaincre son auditoire par ce réquisitoire faussement objectif : le témoignage que transcrivent les vers est avant tout une violente charge contre l'iniquité de la gent catholique :

Ici je veux sortir du général discours
De mon tableau public ; je fléchirai le cours
De mon fil entrepris, vaincu par la mémoire
Qui effraye mes sens d'une tragique histoire
Car mes yeux sont témoins du sujet de mes vers

« Misères », vers 367-371.

La rhétorique judiciaire du témoignage vise à susciter l'indignation du lecteur-juge devant la violence des images convoquées. Ainsi les enfants abandonnés par leurs « père et mère meurtris » (vers 355) meurent-ils de faim, victimes des massacres sanglants, tandis que les rois se jouent de cette « infâme comédie » : ils n'ont « pour leurs pleurs et leurs cris [ni] yeux ni oreilles » (vers 366). Montmoreau est alors l'emblème, tout comme le massacre de la Saint-Barthélemy, d'une barbarie : le village, dévasté par la guerre, ses habitants atrocement et gratuitement mutilés sont autant d'illustrations virulentes des horreurs de la guerre.

Comment d'Aubigné, du haut de cette prise de parole impartiale, brosse-t-il le tableau de telles atrocités ? Comment ouvre-t-il aux yeux du lecteur ces abîmes de souffrance ? Quelle vision du monde veut-il alors transmettre ? Scène décrite par les personnages qui y perdirent la vie, scène où semblent éclater les contradictions d'un monde placé sous le signe de la dévastation, le massacre de Montmoreau exprime bien tout cela : de l'hypotypose on passe à l'allégorie. Davantage encore, il est alors le récit d'une « tragique histoire » (vers 370).

1. Cette scène de mort et de souffrance est présentée par le narrateur témoin comme un tableau paradoxalement vivant, réaliste, et dans le même mouvement allégorique.

► Le caractère réaliste, cru, et morbide de la scène.

— Le caractère véridique de la scène est attesté par le narrateur lui-même (« j'ai vu ») : il se porte garant de la véracité de cette scène en se posant comme témoin. Il adopte donc un point de vue volontairement extérieur à la scène décrite, dans la mesure où il n'intervient pas, se contente de « voir » : il écoute l'homme qui « dissipe sa cervelle » mais ne l'aide pas à mourir ; il regarde la mère et ses enfants mais n'intervient pas, là non plus. Du moins, si intervention il y a, elle est passée sous silence. Cette prise de position affiche un souci d'objectivité dans la description.

— Le narrateur brosse un tableau détaillé, quasi vivant, de cette scène : en témoignent la gradation du général au particulier, des « morts aux visages affreux » à l'homme et sa famille, la prédilection pour les détails au détriment de l'ensemble : pas question ici de rester dans la vague, mais plutôt d'épouser le mouvement même du regard qui se porte tour à tour sur tel ou tel détail, le plus souvent macabre et morbide (le bras emporté, les balles de pistole..., la description de la femme, point culminant de l'horreur).

— L'art du détail indique le souci de la précision : l'esthétique de l'*imago agens* est ici convoquée, afin de créer chez le lecteur une représentation mentale de la scène.

► **Cette hypotypose est davantage encore une allégorie de la France telle que la conçoit Agrippa d'Aubigné.**

— Ce spectacle terrible est en effet une allégorie des guerres de Religion : d'Aubigné érige le massacre de Montmoreau au rang d'archétype de cette période dramatique, dans un mouvement d'amplification : l'homme mourant est l'image de tous les « morts ou visages affreux », lesquels sont l'image de la France ensanglantée : les « masures de France » agrandissent la dimension focale du tableau à la géographie d'une France meurtrie.

— Ainsi, cette hypotypose est aussi une allégorie de la France ensanglantée, notamment à travers la deuxième image que d'Aubigné présente aux yeux de son lecteur : la femme mourante vue comme « autre portrait » de la France invite à une lecture rétrospective de tout le passage : la mère est l'allégorie de la France qui meurt sans savoir pourquoi dans un déni de justice affirmé de manière virulente.

— Dès lors, l'*imago agens* entre en tension avec des éléments plus abstraits : cette « vision » tient à la fois du genre de la chronique et de la représentation théâtralisée de la réalité.

2. Le passage de l'hypotypose à l'allégorie est alors le moteur formel d'un paradoxe qui anime l'ensemble du passage : l'idée du *mundus inversus*.

► **Le paradoxe entre mort et vie.**

— La réduplication des syntagmes « demi-mort » et « demi-vif » aux vers 382 et 387 est la marque du paradoxe qui gouverne l'ensemble de ce passage : cette France déchirée n'est plus ni morte ni vive.

— Dès lors, les vainqueurs, ces « reîtres » (cavaliers allemands enveloppés d'un manteau noir, images donc de Satan) ne semblent pas profiter du massacre, mais le perpétrer pour la seule jouissance de tuer aveuglément hommes, femmes et enfants. Seules les « charognes » profitent d'un tel massacre, ce qu'exprimaient déjà les vers 189 et 190 de « Misères » :

> [...] voir son haineux le premier à la mort
> qu'il seconde, autochire, aussitôt de la sienne,
> Vainqueur, comme l'on peut vaincre à la Caducéenne.

Ainsi les vainqueurs sont-ils déjà promis au même sort, ce qu'indique l'ambiguïté du syntagme « amas affamé » au vers 375 : soit ces guerriers sont aussi affamés et donc aussi misérables (dignes de pitié) que les mourants, soit ils sont de manière métaphorique « affamés » de sang et de carnage.

► **Dès lors, le scripteur présente au lecteur le tableau d'un *mundus inversus* (monde à l'envers).**

— L'introduction du lieu commun *(topos)* du renversement permet d'instruire le procès d'un monde à l'envers, où l'homme ne cherche pas à sauver sa vie, mais appelle la mort de ses vœux, s'exposant de lui-même à la fatalité. L'enfant lui-même n'est plus source de vie mais de mort : c'est en cherchant à protéger leurs enfants que le couple trouve la mort. Toute fertilité est bannie du sein maternel (« des peaux sans humeur ») : le lait, signe de vie, est remplacé par le sang, au vers 422.

— De même, le vers 402 illustre une atteinte à l'ordre du monde : cette famille a été chassée « à la minuit », comme des assassins, comme s'ils avaient commis une « faute » (« sans qu'il nous fut licite ») : tous les droits de la vie sont bafoués.

— Bien plus encore, c'est dans une réécriture de *L'Apocalypse* que le *topos* du *mundus inversus* trouve son plein accomplissement : l'atmosphère des premiers vers (la foudre, la tempête...) rappelle les cavaliers de l'Apocalypse, chargés d'instaurer le mal sur terre, avant que la venue du Christ pour les défaire une ultime fois ne réinstaure un ordre nouveau.

Ainsi, ce tableau inscrit-il comme procès une vision apocalyptique du monde, vision transcendante et paradoxale où plus rien n'a de sens, ni ces vivants laissés pour mort, ni les combattants eux-mêmes, promis au même sort. La France comme corps déchiré semble alors, dans la perspective d'une eschatologie traditionnelle, subir ce déchirement intime de manière tragique.

3. *Mundus inversus* et prégnance du tragique.

► Le récit de Montmoreau comme tragédie.

— Le récit du témoin est placé sous le signe du tragique antique : le témoin est en quelque sorte le messager de la tragédie grecque, qui narre les atrocités : la scène ne peut être vue par souci de convenance.

— Plus encore, le réalisme des images décrites par le narrateur vise à provoquer chez le narrataire la terreur et la pitié : si d'Aubigné insiste donc tant sur les détails morbides de cette scène, c'est pour provoquer chez le lecteur une *catharsis* (ainsi le vers 400 présente-t-il la double mort de la femme et de l'enfant qu'elle porte en elle, mort avant même d'être né). De même, l'homme appelle sur lui la pitié du locuteur (vers 339 et 408 : « pitié » et « piteux » sont à prendre au sens étymologique de pitoyable, digne de pitié). Le but recherché par le témoin de la scène est donc de frapper le lecteur par l'impact affectif des images.

— Dès lors, le lecteur doit être amené à réfléchir sur les atrocités insensées d'une telle guerre.

► La gradation dans la souffrance est elle aussi la marque du tragique à l'œuvre dans cette scène.

— Les victimes de ce massacre n'ont aucune possibilité de réaction face au destin qui les frappe : le sort qui les accable semble surnaturel (les puissances qui provoquent leur mort sont la « tempête », la « foudre », qui agissent avec une rapidité sans remède, ce que souligne l'asyndète du vers 374)

— Le narrateur et ses compagnons ne peuvent rien contre cet état de fait : ils sont une « troupe lassée / que la terre portait, de nos pas harassée » : la rime souligne encore cette lassitude commune aux guerriers et à la terre elle-même.

— Le narrateur, dans le choix des détails, orchestre une gradation dans l'horreur qui conduit à relire la dimension tragique d'une famille comme destin de la France.

Conclusion.

Ainsi le lecteur assiste-t-il, lui aussi impuissant, à une scène eschatologique : la fin des temps est venue, la France se meurt dans un déchirement irréversible et fatal, semble-t-il. Condition sans doute d'une élection des morts au Royaume des Cieux, c'est un martyrologe protestant que le poète écrit ici ; vision manichéenne sans doute, à l'image de celle exposée par Jean de Léry, dans son *Histoire d'un voyage faict en la terre du Brésil,* autre écrit protestant. Le tragique de « Misères » est alors porté à une dimension vigoureusement poétique et cosmique.

10

La Fontaine, Fables, *V*

« La Vieille et les Deux Servantes ».

Il était une vieille ayant deux chambrières.
Elles filaient si bien que les sœurs filandières
Ne faisaient que brouiller au prix de celles-ci.
    La vieille n'avait point de plus pressant souci
Que de distribuer aux servantes leur tâche.
Dès que Thétis chassait Phébus aux crins dorés,
Tourets entraient en jeu, fuseaux étaient tirés ;
    Deçà, delà vous en aurez :
    Point de cesse, point de relâche.
Dès que l'Aurore, dis-je, en son char remontait,
Un misérable coq à point nommé chantait.
Aussitôt notre vieille, encor plus misérable,
S'affublait d'un jupon crasseux et détestable,
Allumait une lampe et courait droit au lit
Où, de tout leur pouvoir, de tout leur appétit,
    Dormaient les deux pauvres servantes.
L'une entr'ouvrait un œil, l'autre étendait un bras ;
    Et toutes deux, très mal contentes,
Disaient entre leurs dents : « Maudit coq, tu mourras. »
Comme elles l'avaient dit, la bête fut grippée :
Le réveille-matin eut la gorge coupée.
Ce meurtre n'amenda nullement leur marché.
Notre couple, au contraire, à peine était couché,
Que la vieille, craignant de laisser passer l'heure,
Courait comme un lutin par toute sa demeure.

    C'est ainsi que, le plus souvent,
Quand on pense sortir d'une mauvaise affaire,

On s'enfonce encore plus avant :
Témoin ce couple et son affaire.
La vieille, au lieu du coq, les fit tomber par là
De Charybde en Scylla.

La fable, un poème à moralité ?

L'étymologie du mot de fable nous indique deux directions à suivre : la fable comme récit mythologique, conte ou légende, et plus généralement comme élément narratif d'une œuvre de fiction ; et la fable comme petit récit en vers ou en prose destiné à illustrer un précepte. De ce double sens naît une première difficulté quant à l'étude de la fable : quelle place occupe réellement ce que nous appelons couramment la « morale » d'une fable ?

La Fontaine lui-même fait jouer ensemble les deux aspects de la fable : il mêle dans sa position esthétique un certain moralisme et une gratuité précieuse. Dans « Les Membres et l'Estomac », pour rendre compte de l'harmonie et de la nécessité de l'organisation du système monarchique, l'auteur s'en remet à un autre fabuliste, en la personne de Menenius Agrippa, un homme politique romain du ve siècle avant Jésus-Christ, qui prononça le célèbre apologue des "Membres et de l'Estomac", pour réconcilier la plèbe et les consuls. Les plébéiens s'étaient retirés sur le mont Sacré pour signifier leur refus d'obéir aux consuls. Ce récit inventé devait prouver aux plébéiens l'importance de leur rôle politique dans la cité romaine, et les y faire revenir. La société est comparée à un corps qui ne peut survivre sans la cohésion et la coordination de ses différents membres. Et La Fontaine de décrire ainsi l'effet du discours de Menenius :

Le peuple hors des murs était déjà posté,
La plupart s'en allaient chercher une autre terre,
Quand Menenius leur fit voir
Qu'ils étaient aux membres semblables,
Et par cet apologue, insigne entre les fables,
Les ramena dans leur devoir.

Ainsi la fable a-t-elle le pouvoir dans ce récit de ramener les hommes à leur devoir, mais La Fontaine ne précise pas si ce mouvement salutaire tient à la force philosophique de la morale ou à l'exemplarité de l'histoire. La leçon de solidarité organique que donne Menenius apparaît cependant comme l'archétype de la fable : trouver dans un récit inventé de quoi éclairer le réel, dans le but d'en rémunérer les défauts. Si nous suivons la trame des « Membres et de l'Estomac », la fable exerce un rôle politique, et les images du fabuliste viennent renforcer les fondements d'une construction sociale.

Mais la fable aspire également à mettre au jour une vérité, et cela à travers le rapport subtil entre le réalisme de son récit et le mensonge du style. L'idée d'une fable qui serait seulement poème didactique n'est pas celle qui préside à l'écriture des *Fables* de La Fontaine. Au contraire, le poète affirme sa volonté de démystifier et de révéler en esquissant paradoxalement le portrait d'une fable mensongère. Ainsi, dans « Le dépositaire infidèle », prenant pour modèles littéraires Ésope et Homère, le fabuliste français fait-il l'éloge de la tromperie vertueuse de la fiction littéraire : c'est elle qui sait laisser transparaître le vrai dans l'ornementation. D'où ce paradoxe : l'écrivain, l'inventeur d'histoires, ne ment pas vraiment.

> Et même qui mentirait
> Comme Ésope, et comme Homère,
> Un vrai menteur ne serait :
> Le doux charme de maint songe
> Par leur bel art inventé,
> Sous les habits du mensonge,
> Nous offre la vérité.

La métaphore de l'art littéraire comme d'un vêtement couvrant et dévoilant à la fois la vérité nous invite à reconsidérer notre première vision de la fable comme d'un texte capable de fournir un précepte en même temps que son illustration par le récit de fiction. La fable est le lieu d'une mise en mots de certains préceptes moraux, mais les vers cités nous montrent que la fable est tout entière infusée par la morale qui l'accompagne. Le corps du texte est tout entier comparé à ce « songe », charmant en même temps que véritable. À l'inverse de l'image des membres, séparés et communiquant pour la bonne santé de l'organisme, la fable selon La Fontaine se veut le lieu d'une unité organique, grâce à laquelle le récit est imprégné de la morale et réciproquement. La fable est cette imposture littéraire, cette virtuosité mensongère que l'auteur a créée dans le but d'instruire certes, mais en charmant. Nous voyons ici illustré le principe de l'esthétique classique, selon lequel le *docere* (instruire) doit être nourri et adouci par le *placere* (plaire) et le *movere* (émouvoir). Si la fable est écrite dans une perspective moralisante, elle n'en reste pas moins un divertissement.

La morale de la fable est nécessaire, dans la mesure où elle inscrit au cœur du texte la distance entre le lecteur et l'œuvre de fiction, rappelant à la fois l'artifice littéraire et son fondement moral. Mais la vertu pédagogique des fables, ainsi qu'à l'opposé du spectre de ses fonctions sa capacité à amuser et à charmer ne feraient que limiter ce genre poétique à son sujet et à sa tonalité. Si, comme le dit La Fontaine dans sa préface aux *Fables,* le récit est le corps et la morale l'âme, alors écrire une fable s'apparente à inventer un nouvel être littéraire, qui par son style et non par sa morale conquiert une existence poétique individuelle.

Explication du poème.

« La Vieille et les Deux Servantes » est issue du livre V des *Fables,* qui fait l'éloge du naturel contre l'artificiel. La fable précédente, « Le Renard ayant la queue coupée », décrit la vaine tentative d'un renard à la queue coupée par un piège pour faire adopter son changement d'apparence aux autres renards, tandis que la fable qui suit, « Le Satyre et le Passant », montre un refus de toute tentative pour changer le monde tel qu'il est. Un passant se réfugie chez le satyre pour se protéger du mauvais temps, et d'abord réchauffe ses doigts en soufflant dessus avant de refroidir son potage de la même manière. Le satyre, qui était prêt à offrir l'hospitalité au passant, condamne alors cette ruse et chasse le passant, lui disant :

> Ne plaise aux dieux que je couche
> Avec vous sous même toit.
> Arrière ceux dont la bouche
> Souffle le chaud et le froid !

Notre fable s'inscrit dans ce thème de l'opposition entre la nature et l'artifice. Une vieille femme emploie deux chambrières, et pour les faire travailler le plus possible, la vieille femme réveille les jeunes filles dès que le coq chante. L'allusion dès le début de la fable aux trois sœurs filandières, c'est-à-dire aux trois Parques, et l'image de la vieille femme transformée en « lutin » placent ce poème sous le signe d'un conte traitant du temps et du sommeil, et cela dans une perspective de renouvellement des mythes.

Trois trames tissent l'histoire des chambrières : d'abord, du conte de fées de l'expression « Il était une vieille » (vers 1) au fait divers du « meurtre » du coq, cette histoire est celle d'une chute, illustrée par le mot célèbre du dernier vers « De Charybde en Scylla ». Ensuite, la fable apparaît comme la réécriture mythologique du passage du rythme des travaux et des jours à la frénésie de l'industrie moderne (avec sans doute une référence indirecte aux manufactures de Colbert), de l'harmonie naturelle à la folie humaine. Enfin, notre texte se présente comme un manifeste esthétique : la diversité des tons, qui vont du burlesque à l'épique, et des formes puisque ce sont ici des vers mêlés, fait de la fable un palimpseste poétique, un texte tissé de plusieurs fils.

Nous pouvons lire « La Vieille et les Deux Servantes » comme composé de trois mouvements : du premier vers au vers 9 « Point de cesse, point de relâche », c'est une fable mythologique, rappelant le conte de la poule aux œufs d'or, les servantes jouant le rôle du trésor qu'exploite jalousement le personnage abusif de la vieille. Puis s'opère un renversement et le dixième vers nous présente comme un deuxième début, celui d'un fait divers, écrit à la manière d'un roman réaliste, bourgeois et comique : le meurtre du réveille-matin. Enfin, du vers 22 à la fin de la fable, l'auteur développe la moralité de l'histoire, à travers une irréversible descente du crime au chaos, lorsqu'un univers privé de l'agent naturel de la succession des nuits et des jours sombre dans la folie.

▶ Une fable mythologique.

Le début de la fable reprend les critères habituels de la présentation du conte : « Il était une vieille » rappelle « Il était une fois », et dès le premier vers les personnages de cette histoire sont nommés par leur caractéristique principale : d'un côté, une « vieille » et, de l'autre, deux « chambrières » ; celles-ci sont désignées par leur activité, tandis que la première n'est définie que par sa possession, dans le participe présent « ayant ». Nous avons affaire à un trio féminin et hiérarchisé, qui illustre le thème de l'esclavage.

Mais de cette première constatation narrative, le texte évolue vers une comparaison avec les « sœurs filandières » au vers 2. Cette comparaison est à l'avantage des servantes, sujet de la proposition principale, tandis que les Parques désignées par le terme de « filandières » sont le sujet de la consécutive, donc subordonnées aux chambrières. La consécutive est marquée par le « ne... que », marque grammaticale qui vient s'ajouter au lexique pour différencier les Parques et les deux servantes. La comparaison vient soutenir le passage d'un récit réaliste à un conte, en même temps qu'elle place les vers à venir sous le signe d'une tragédie. Et cela pour deux raisons : d'abord, les Parques sont trois, les chambrières deux seulement. Et dans la répartition des fonctions entre les divinités du destin, Clothô débrouille l'écheveau et dévide les fils de la vie, Lachésis choisit un fil plus ou moins précieux, et Atropos coupe le fil. Or il semble qu'ici seule la vieille puisse occuper la place d'Atropos, et ainsi le lecteur s'attend à lire par la suite les actions de celle qui interrompt le sommeil et dirige la vie des deux servantes. Mais la comparaison avec les Parques à l'avantage des chambrières invite aussi à se souvenir de ce qui arrive aux mortels qui osent surpasser les dieux : Ovide raconte qu'une jeune paysanne nommée Arachné se prétendait aussi douée pour tisser que la déesse Minerve en personne. La déesse, ulcérée, décida de lancer un défi à la jeune fille, qui l'accepta. Toutes deux finirent de tisser leur œuvre au même instant, et Minerve, voyant que le travail d'Arachné était meilleur que le sien, fendit la toile du haut en bas de sa navette avant de frapper la jeune fille. Se mettre en comparaison avec les dieux, c'est travailler à sa perte : le don des servantes est également le signe de leur hybris, cette démesure qui entraîne le basculement du conte dans la tragédie. La comparaison est donc le support d'un changement de ton et de genre.

La rupture tragique est consommée d'abord par le mot « brouiller », qui a le sens de faire un travail brouillon. Or la division du travail est parfaite entre les trois sœurs, et leur tâche autrement plus fondamentale que celle des chambrières. La rupture est également visible dans le système de versification : « celles-ci », à la fin du vers 3, ne rime avec rien dans la première phrase, ce qui interrompt la progression linéaire et régulière du récit. Ce même effet d'interruption est repris dans la rime « tâche » / « relâche », les deux termes étant séparés par quatre vers. De plus, cette rime crée un effet de surprise car un alexandrin rime avec un octosyllabe. La rupture par rapport au mythe des Parques est quant à elle sensible dans la nouvelle distribution des rôles : la vieille est chargée de distribuer leurs tâches aux servantes, alors que dans l'histoire originelle les trois sœurs ont un rôle prédéterminé. La vieille se place ici au-dessus des deux chambrières, et joue le rôle de la divinité qui préside au destin des deux servantes.

Le poème construit en vers mêlés, alexandrins et octosyllabes, permet de représenter au vers 8 comment le temps de la narration s'accélère soudain. Cette accélération est montrée plus haut dans le texte par l'adjectif « pressant » au vers 4. Le souci des chambrières devrait leur faire prendre leur temps, mais il est ici caractérisé par l'urgence, soulignée elle-même par la généralisation associée au comparatif dans « La vieille n'avait point de plus pressant souci ».

Dans cette première étape du récit, le point de vue varie : c'est d'abord celui d'un narrateur omniscient, qui célèbre l'exigence des fileuses et relève l'exigence de leur maîtresse. Puis, au vers 8, l'interruption marquée par le passage des alexandrins aux octosyllabes introduit un fragment de dialogue sans guillemets dans ce poème narratif : « Deçà, delà, vous en aurez. » Le « vous » désigne les personnages de la fable, et non le lecteur. La distribution est assortie d'une menace. L'emballement du temps et le changement de perspective se perçoivent également au vers 7 : le sujet n'est plus la vieille, mais les « tourets » et les « fuseaux », et malgré la forme passive d' « étaient tirés », les objets entrent véritablement en jeu et se mettent à commander aux hommes. Le temps s'emballe et ces deux vers 7 et 8 montrent déjà la frénésie de ce travail imposé. D'où l'expression en parallèle du vers suivant : « Point de cesse, point de relâche » est comme le commentaire du poète sur la situation tragique des deux servantes. La répétition du « point de » exprime qu'un mécanisme dangereux et inhumain a remplacé la linéarité du temps.

Le système temporel se détraque, et cela peut se lire dans la présentation de deux débuts de journée sur deux tons différents : d'abord, au vers 6, « Dès que Thétis chassait Phébus aux crins dorés », c'est l'image de la déesse de la mer qui accouche du soleil, un accouchement épique, auquel succède aux vers 10 et 11 la métaphore gracieuse de l'Aurore remontant sur son char. L'univers se féminise, et paradoxalement cette deuxième aube annonce l'entrée en scène du coq, seul personnage masculin de ce texte avec Phébus.

► **Un fait divers : le meurtre du coq.**

La reprise du thème de l'aube est l'occasion de montrer l'artifice du texte littéraire, en même temps que son aspiration au réalisme : l'incise « dis-je » du vers 10 attire l'attention sur un narrateur jusqu'ici quasiment absent du récit, et modifie le contact avec le lecteur. La reprise montre que l'histoire est recréée par le narrateur, que celui-ci peut reconstruire la réalité dans le langage poétique. Par ailleurs, le pronom personnel « notre vieille » au vers 12 est une intrusion d'auteur, qui se place définitivement du côté du conteur : il reprend son récit après l'avoir interrompu, et fait signe au lecteur.

Cette deuxième aube, prétexte à un rapprochement entre le poète et le lecteur, permet également de descendre de l'épopée mythique au roman burlesque. Ce changement joue sur plusieurs registres : c'est un « misérable coq » qui se substitue à Apollon-Phébus pour annoncer le jour, donc l'espace mythologique devient l'espace rural du quotidien ; le terme « misérable » est le support d'une antanaclase, ou changement de sens : le coq est misérable parce qu'il est le prophète du malheur, et la vieille parce qu'elle est sordide. Enfin, « à point nommé » signifie, d'une part, l'insertion de l'histoire dans une chronologie déterminée, une succession d'événements propres au roman ; et, d'autre part, manifeste une modalisation de l'énoncé : l'expression peut représenter le sentiment de persécution des servantes, ou mieux encore l'acharnement du tragique. Les chambrières que l'on comparait aux Parques sont à présent victimes d'un destin qu'elles ne maîtrisent pas, symbolisé par les objets qui prennent le pouvoir et ce « misérable coq ». Le tragique du chant du coq peut rappeler la scène biblique du reniement de saint Pierre, ce qui renforce le sentiment d'une atmosphère aliénante et fatale.

Mais la tragédie est mêlée à la comédie : la vieille, qui doit s'être enrichie grâce au travail de ses deux chambrières, est affublée d'un jupon crasseux, et ce déguisement suggère son avarice, qui est exprimée par l'hypallage « jupon... détestable ». La vieille est bel et bien le symbole du barbon des pièces comiques, ou du tyran des tragédies. Les enjambements successifs figurent les enjambées de la vieille à travers la maison.

Le centre du texte est réservé à la célébration du sommeil des deux jeunes filles : telles des enfants ou des sœurs jumelles, elles dorment dans le même lit, et les termes de « pouvoir » et d'« appétit » manifestent la puissance de la vie, opposée à l'insomnie mortelle que veut leur imposer la vieille détraquée. La Fontaine est connu pour sa célébration du sommeil, et son épitaphe humoristique le présente divisant sa vie en deux parts, « L'une à dormir, et l'autre à ne rien faire ». Dans une perspective baroque, La Fontaine valorise le sommeil, dont la continuité et la profondeur, le plaisir qu'on y goûte, l'emportent sur la discontinuité et la fébrilité d'une vie diurne consacrée au travail et aux soucis qui l'accompagnent. Le sommeil n'est pas ici une mort, c'est au contraire le souverain bien. La vieille devenue Atropos interrompt le fil d'une vie heureuse, et c'est alors que le fabuliste fait des servantes l'objet de sa compassion, puisqu'elles sont accompagnées de l'épithète « pauvres » au vers 16, redeviennent le sujet grammatical mis en rejet pour figurer à la rime. Le vers suivant, « L'une entr'ouvrait un œil, l'autre étendait le bras », montre le déchirement du réveil : les deux servantes ne sont plus qu'un œil ou un bras, le regard du narrateur ne pouvant fixer dans cette phrase l'urgence du réveil en même temps que le prolongement du sommeil par l'asyndète qui déclenche une accélération combinée à l'emploi de verbes à l'imparfait duratif de verbes de mouvement. L'instant tragique du réveil est ainsi suspendu dans le temps narratif, et cette pause entraîne le glissement de la compassion du fabuliste au ressentiment des jeunes filles : « Maudit coq, tu mourras. »

Ce fragment de discours direct est une justification du crime : le coq mourra parce qu'il est maudit, au sens où il annonce que doit recommencer le cycle de la journée de travail. L'épithète « maudit » et le crime qui s'ensuit sont les signes d'un phénomène de transfert : la vieille est responsable, mais c'est son serviteur, un simple « réveille-matin », qui sera tué. Le tragique est aussi cet aveuglement, qui a pour effet de vouloir se venger sur l'agent et non la source du mal.

Le passage de la menace proférée, de la prophétie au meurtre engendre un retour au burlesque. La fatalité tragique est tournée en dérision parce que les victimes deviennent les criminelles, et cela pour s'en prendre à une « bête ». De plus, le meurtre n'est même pas un haut fait, mais un accident exprimé à la forme passive. Enfin, le terme de « réveille-matin » amène une dégradation propre au style grotesque : le mot désigne en effet le moine chargé de réveiller une communauté. Si égorger le réveille-matin revient à se révolter contre la règle, ce n'est qu'un coq qui représente ici l'ordre. Le meurtre du coq enclenche la machine infernale : le premier acte tragique, si ridicule et insignifiant soit-il, voit un monde ordonné s'effondrer, et le chaos devenir la règle à respecter.

► Descente aux Enfers et morale.

Selon Patrick Dandrey, le charme des fables vient de ce que récit et moralité y sont intimement mêlés. Ici, la moralité contenue dans les six derniers vers est préfigurée par le récit du quatrain qui la précède.

> Ce meurtre n'amenda nullement leur <u>marché</u>.
> Notre couple, au contraire, à peine était couché,
> Que la vieille, craignant de laisser passer l'heure,
> Courait comme un lutin par toute sa demeure.

Le fil du récit reprend, puisque le terme de « marché » rappelle le rapport entre la vieille et les servantes, et les deux derniers vers de la strophe nous ramènent à la course effrénée du début du poème. Le « couple » est la continuation du phénomène de confusion des deux servantes en une seule entité, dormant, travaillant et parlant de concert, et montre comment le sommeil préserve l'indistinction primitive des êtres. « À peine » reprend l'expression de « pressant souci », pour filer le thème de l'urgence tragique. Le temps semble donc reprendre son cours, comme avant l'événement tragique. Mais le texte nous persuade du contraire : les allitérations et assonances rappellent que les servantes n'auraient pas dû couper le cou du coq, dans les mots « couple », « contraire », « couché », « courait » ou « comme ». Le meurtre envahit le nouveau jour, comme le signe de la persistance de l'acte tragique. Les effets du meurtre se voient dans un nouveau bouleversement du texte : commencé en conte de fées et poursuivi en roman burlesque et sordide, il se termine en diablerie orchestrée par la vieille que les servantes n'ont pas osé tuer. Le temps est détraqué, car la nuit se résume à un « à peine », et l'immobilité d' « était couché » se heurte au « courait » significatif de l'agitation frénétique de la vieille. Le mot de « demeure » apparaît scandaleux puisqu'il vient souligner paradoxalement la frénésie de cette femme qui ne sait pas profiter du sommeil. La vieille devient un « lutin », c'est-à-dire un démon malicieux qui se manifeste surtout la nuit.

La morale de cette fable n'est pas dogmatique, mais empirique. Elle n'est pas tout à fait générale, puisque modalisée par « le plus souvent » en incise. Les derniers vers n'expriment pas un précepte de rigueur morale, mais plutôt une soumission résignée à l'ordre des choses. La manie humaine d'intervenir, la volonté de devenir héros tragique en commettant un acte de libre arbitre sont autant de preuves de sottise, ce que démontre La Fontaine en effectuant un déplacement du ton épique au ton burlesque.

Un ultime retournement du texte est visible dans le jeu sur l'imaginaire de la fable : si le corps de la fable, son récit, est le lieu d'une agitation, celui de la vieille ; à l'inverse l'image du vers 28 : « On s'enfonce encore plus avant » illustre l'idée de l'enlisement de la morale, de son enracinement peut-être dans les profondeurs de l'âme humaine. Le retour à la mythologie du dernier vers, qui replace La Fontaine sous la bienveillance de son modèle Homère, nous incite à voir au-delà de cette menace moralisante la circularité du texte : les deux monstres qu'Ulysse est parvenu à éviter, non sans y laisser certains de ses compagnons, sont des monstres marins, ce qui nous ramène à Thétis, divinité de la mer présente au début du poème. Le dernier vers est ainsi le moyen de marquer la défense de vouloir changer la nature des choses, à défaut de réveiller les démons, mais aussi en filigrane de placer le texte dans la lignée de l'artifice littéraire.

► **Conclusion.**

« La Vieille et les Deux Servantes » mêle différents tons et différents styles poétiques, comme autant de fils pour dessiner le motif d'un texte qui associe dans l'artifice littéraire la célébration de l'harmonie du monde et la frénésie liée à l'appât du gain de la vieille. Cette fable laisse entrevoir en outre la règle d'écriture de La Fontaine : ne pas alourdir la valeur morale d'un précepte dans un récit régulier, mais reproduire la vivacité du mouvement et de l'*hybris* pour mieux divertir et convaincre. Enfin, la fable est supportée par un fondement idéologique : l'éloge des rythmes naturels s'oppose à la folie manufacturière liée au colbertisme. Mais elle est le lieu d'une insertion dans la tradition littéraire, puisque, outre les références à Homère et à la mythologie, la fable qui mêle érudition littéraire et enracinement dans le folklore (avec le lutin) donne naissance à une certaine vision du conte, que l'on peut retrouver dans la nouvelle de Nodier *Trilby,* où le merveilleux est également menacé par la bêtise humaine.

11

Victor Hugo, La Légende des siècles, *V*

« Les Chevaliers errants ».

La terre a vu jadis errer des paladins ;
Ils flamboyaient ainsi que des éclairs soudains,
Puis s'évanouissaient, laissant sur les visages
La crainte, et la lueur de leurs brusques passages ;
Ils étaient, dans des temps d'oppression, de deuil,
De honte, où l'infamie étalait son orgueil,
Les spectres de l'honneur, du droit, de la justice ;
Ils foudroyaient le crime, ils souffletaient le vice ;
On voyait le vol fuir, l'imposture hésiter,
Blêmir la trahison, et se déconcerter
Toute puissance injuste, inhumaine, usurpée,
Devant ces magistrats sinistres de l'épée ;
Malheur à qui faisait le mal ! Un de ces bras
Sortait de l'ombre avec ce cri : « Tu périras ! »
Contre le genre humain et devant la nature,
De l'équité suprême ils tentaient l'aventure ;
Prêts à toute besogne, à toute heure, en tout lieu,
Farouches, ils étaient les chevaliers de Dieu.

Ils erraient dans la nuit ainsi que des lumières.

Leur seigneurie était tutrice des chaumières ;
Ils étaient justes, bons, lugubres, ténébreux ;
Quoique gardé par eux, quoique vengé par eux,
Le peuple en leur présence avait l'inquiétude

De la foule devant la pâle solitude ;
Car on a peur de ceux qui marchent en songeant,
Pendant que l'aquilon, du haut des cieux plongeant,
Rugit, et que la pluie épand à flots son urne
Sur leur tête entrevue au fond du bois nocturne.
(...)

Cet extrait, tiré de la cinquième partie de *La Légende des siècles,* dans sa première version, appelée aussi « Les petites épopées », introduit une nouvelle époque du Moyen Âge, tel que le voit Victor Hugo. La quatrième partie, en effet, s'intitule « Le cycle héroïque chrétien ». Après, donc, s'être penché sur un premier Moyen Âge mythologique, où l'on croise les Roland et Charlemagne des chansons de geste, le poète veut inclure dans son œuvre l'époque féodale. Cette représentation sera elle aussi plus symbolique et légendaire qu'historique. Mais cela ne gêne en rien la vision poétique hugolienne. Dans sa préface, l'auteur affirme : « C'est l'aspect légendaire qui prévaut dans ces deux volumes et qui en colore les poëmes. Ces poëmes se passent l'un à l'autre le flambeau de la tradition humaine. *Quasi cursores.* C'est le flambeau, dont la flamme est le vrai, qui fait l'unité de ce livre. Tous ces poëmes, ceux du moins qui résument le passé, sont de la réalité historique condensée, ou de la réalité historique devinée » (Victor Hugo, *La Légende des siècles,* préface de 1859). Il y a donc une volonté de la part du poète de faire de cette période un symbole de l'évolution humaine. Après des héros lumineux, gardiens officiels d'un ordre positif, Hugo nous présente des hommes de l'ombre, dans un monde qui a détruit les valeurs positives qui le conduisaient auparavant. Ce sont ces hommes que nous trouvons au seuil de cette nouvelle partie, ces « chevaliers errants », que définit une ambiguïté fondamentale, une fonction contrastée, à la fois bienveillante et effrayante. Ils sont aussi « représentatifs », dans l'esprit du poète, et dans celui de tous les Romantiques, de la féodalité, système qu'exècrent ces héritiers de la Révolution française. Ils sont, en effet, ceux qui sont exclus de ce système, fondé sur l'attachement à un suzerain. En fait, chevaliers sans fief, sans attache, ils deviennent, en eux-mêmes, des remises en cause de ce fonctionnement.

Deux mouvements semblent pouvoir se dégager du texte. Un premier temps (du vers 1 à 19) nous offre une vision globale de ces hommes. À la façon d'un conte, Hugo nous présente ces chevaliers dans leur combat contre des ennemis aux visages presque abstraits. Dans un second temps (du vers 20 au vers 28), le poète s'attache à enraciner ces figures dans le monde qui les entoure, et, ce faisant, à nous dévoiler un aspect contrasté de leur action. Au fond, personnages hautement romantiques, ces chevaliers sont condamnés à ne pas être compris dans leur esprit de justice même.

1. Du vers 1 au vers 19 : Les Paladins.

► La mission des Paladins, symbolique d'un rapport de force (vers 1 à 14).

La première phrase de ce texte est très longue : elle s'étend sur quatorze vers. Le tableau fait par Hugo, dans son ampleur même, nous place directement dans un monde obscur et violent, où les chevaliers errants semblent briller comme des flammes. Dès le premier vers, le monde semble vidé de ces habitants. C'est la terre elle-même qui « voit » ces hommes errer ; c'est elle qui est, en fait, le témoin de leur voyage. Leurs apparitions mêmes semblent plus (sur)naturelles qu'humaines : ces hommes « flamboient » tels des « éclairs » (vers 2), ils « s'évanouissent », tels des spectres (image que l'on retrouvera au vers 7). Plus encore, c'est la rapidité de leur apparition qui fait d'eux des êtres à proprement parler inhumains, comme le montrent les adjectifs « soudains » (vers 2), et « brusques » (vers 4). Les « visages » montrant de la peur ne sont qu'évoqués, presque aussi rapidement que la figure des « paladins » eux-mêmes, et n'appartiennent explicitement à personne. L'hendiadyin « la crainte, et la lueur » (plutôt que « la lueur de la crainte ») souligne la vision déshumanisée de ces chevaliers, les rendant, presque au sens propre, lumineux.

L'arrivée de ces hommes est presque aussi « brusque » dans le poème que sur cette terre désolée. Dans les vers qui suivent ce premier membre de phrase, Hugo revient sur leur rôle, sur leur utilité, et sur ce qui les rend fascinants. Ces « temps d'oppression, de deuil, / De honte, où l'infamie étalait son orgueil » ne sont pas non plus distingués avec précision, ce qui renforce leur image d'âges obscurs. Le lecteur se trouve dans un « jadis » (vers 1) légendaire, dont la portée symbolique est soulignée par les personnifications qu'opère le poète. L'énumération des aspects sombres de cette époque se termine par une première abstraction personnifiée, l'infamie qui, tel un personnage vivant, « étale son orgueil ». Encore une fois, ce qui devrait lier le texte à l'humanité est soigneusement évité : l'oppression ne s'exerce sur personne de précis, le deuil n'est pas un deuil en particulier, la honte n'est pas reliée à ceux qui devraient la ressentir. L'infamie, enfin, désordre social (il s'agit, selon *Le Petit Robert,* de la « flétrissure sociale ou légale faite à la réputation de quelqu'un »), ne semble être qu'un phénomène labile, sans ancrage dans une situation réelle. Il faut, par ailleurs, noter que, dans l'accumulation qui commence au vers 5, « la honte » est placée en rejet au vers 6, avant la relative introduite par « où ». Sans doute faut-il y lire une insistance, qui tend à poser le sentiment de honte comme premier et essentiel. Ce que combattent ces hommes, c'est donc, autant que la violence physique, la violence sociale, ce qui provoque le déshonneur, ce qui rend moins humain par la perte de la fierté. Face à cette situation, ces « paladins » font preuve des vertus contraires, en un chiasme qui oppose l' « honneur » à l'infamie, le « droit » à la honte, la « justice » (vers 7) à l'oppression. Cependant, alors même qu'ils défendent des valeurs positives, ils sont décrits comme des « spectres » (vers 7), donc de manière déjà « effrayante ».

En un seul vers (« Ils foudroyaient le crime, ils souffletaient le vice », vers 8), le poète synthétise ce qu'il peut dire de ces hommes pour décrire leurs actions. Il faut se souvenir que l'ensemble de cet extrait est à l'imparfait itératif : ce temps verbal rend ces actes quotidiens, et donc, peut-être, plus glorieux encore, car devant être sans cesse réitérés, devant l'immensité du crime. Ces paladins, donc, « foudroient » celui-ci, revenant à leur statut premier d'éclairs soudains, et « soufflettent » le vice : ils sont à la fois dangereux et brusques, en même temps que soucieux de leur honneur (le soufflet, sorte de gifle symbolique, a longtemps servi, en Europe, à provoquer quelqu'un en duel, lorsque l'on estimait son honneur sali). Cette double caractérisation se reflète dans le parallélisme des deux hémistiches de ce vers, parallélisme à la fois métrique et grammatical (« Ils » + verbe à l'imparfait de trois syllabes + substantif masculin singulier précédé de l'article « le », tous deux objets de l'apocope du -e-, devant une voyelle et à la fin du vers), que rend plus sensible encore l'absence de copule.

Ce parallélisme introduit une série de vers fondés sur le même principe : du vers 8 au vers 10, on retrouve ce même type de construction parallèle (même si les vers 9 et 10 ne présentent pas un parallélisme grammatical aussi parfait). Ce balancement introduit un rythme qui paraît accompagner la réaction apeurée du vice face à ces héros. C'est la retraite précipitée des criminels quand ils ont maille à partir avec les chevaliers errants qu'évoque cette accélération rythmique (le parallélisme et la coupe nette à l'hémistiche ont pour conséquence de donner une impression de réduction de la taille des vers, ce qui rend le rythme plus rapide). Mais ces hommes sont toujours les seuls humains évoqués précisément : ceux qui voient l'effet de leur arrivée sont regroupés par l'impersonnel « on » (vers 9) ; en outre, ce sont de nouveau des abstractions qui réagissent à leur arrivée : « le vol », « l'imposture » (vers 9), « la trahison » (vers 10), « Toute puissance injuste, inhumaine, usurpée » (vers 11). Toutes ces entités sont reliées par une thématique commune, celle de l'absence : le vol prive de la possession, donc de la présence, d'une chose ; l'imposture peut se lire comme une absence de légitimité, la trahison, comme une absence de fidélité. La récurrence de ce thème est encore soulignée par l'usage du préfixe « in », au vers 11, dans les termes « injustes » (absence de justice) et « inhumaine » (absence d'humanité), comme par la notion d'usurpation qui, comme l'imposture, exprime l'absence de légitimité politique. Au fond, c'est donc contre un système politique dans son ensemble que se dressent ces hommes, qui dans une certaine mesure représentent pour Hugo le Bien politique. Le poète en exil n'a pas évoqué sans arrière-pensée ces âges sombres du Moyen Âge. Il voit dans le Second Empire triomphant et autoritaire des années 1850 un équivalent contemporain de l'époque féodale ; Napoléon III, Hugo l'a déjà dit, est, selon lui, un usurpateur, un imposteur, vivant sur l'image de son oncle, figure adorée et paternelle pour le poète.

Ces paladins sont donc bel et bien des figures symboliques, incarnations combattant des abstractions, rebelles à tout un système de pouvoir. La finesse de la limite entre ces deux niveaux de lecture (matérielle et symbolique) se perçoit dans l'alliance de verbes personnels et humains (« fuir », « hésiter », « blêmir », « se déconcerter ») et de ces abstractions négatives. Leur construction en chiasme (substantif-verbe, substantif-verbe, verbe-substantif, verbe-substantif) paraît resserrer ce lien artificiel.

Après quatre vers où la coupe à l'hémistiche est nette, le rejet interne du vers 12 (« sinistre », sur le deuxième hémistiche) met en valeur cette qualité qui peut sembler paradoxale. Ces « magistrats » (dépositaires légitimes d'une autorité et d'un pouvoir) sont « sinistres », à la fois obscurs et messagers de mauvaise augure, si l'on se souvient de l'étymologie de cet adjectif. Ils ne sont pas des héros de lumière, animés d'une mission qui les grandit, mais bien de simples magistrats faisant obscurément leur devoir d'opposition au Mal. S'ils portent malheur, c'est bien au crime. Mais cet attribut les définit plus généralement, plus complètement, et leur air sinistre est la marque du paradoxe qui les habite : ils font usage de violence, contre la violence (position maximaliste que défend Hugo au moment de la rédaction de *La Légende des siècles*), et en ont les attributs effrayants, au premier rang desquels on trouve « l'épée », placée à la rime. On peut de nouveau voir ici un hendiadyin : ces hommes ne sont-ils pas les magistrats de l'épée sinistre, c'est-à-dire ceux qui utilisent avec justice l'attribut de la puissance sans limite ?

Les deux derniers vers (vers 13 et 14) de ce premier mouvement semblent enfin rendre réelle la lutte de ces chevaliers. Mais l'ensemble reste flou : l'ennemi, s'il devient humain, n'est pas défini plus précisément qu'avec une relative nominale, par définition indéfinie (« qui faisait le mal »). Cependant, il faut noter les deux exclamations, et l'apparition du discours rapporté, qui insufflent de la vie à ce qui, jusqu'ici, restait une évocation abstraite. D'autre part, le rôle de magistrats de ces paladins (bras armés de la justice), est évoqué par la métonymie (« un de ces bras ») : ils ne sont que les dépositaires d'une puissance immanente qui les dépasse. C'est sans doute cette dernière qui leur donne la belle assurance qui permet de conjuguer au futur le verbe périr (vers 14). C'est elle aussi qui leur donne leur existence : c'est pour faire honneur à leur magistrature qu'ils « sortent de l'ombre », c'est dans l'action que ces spectres prennent corps, qu'ils naissent réellement au monde, et non dans l'errance.

► **Synthèse de leur fonction (vers 15 à 19).**

Ces paladins ont donc une fonction complexe et symbolique. Hugo la synthétise dans les cinq vers suivants. Tout d'abord, ils ne sont pas humains : ils tentent l'aventure « contre le genre humain », dont la loi est toujours déséquilibrée. C'est bien « devant la nature », c'est-à-dire devant le cosmos, principe divin totalisant, qu'ils sont responsables de leur action. Ils s'attachent à l' « équité suprême », équilibre réel qui, chez Hugo, est synonyme de justice. Mais cette action est aussi une « aventure ». Le double sens de ce terme (à la fois référence aux romans de chevalerie, et évocation du caractère hasardeux du combat des chevaliers) montre l'étendue de cette mission.

Jamais le poète n'a complètement caractérisé ses personnages. C'est au vers 18 qu'il les définit complètement : « chevaliers de Dieu », ils s'opposent donc à toute logique humaine. Habités par cette mission divine, ils prennent les traits paradoxaux du divin, à la fois bon et effrayant. Le vers 17 montre combien ils sont entièrement définis par cette mission, n'ayant de vie que dans la répression du mal, ce qui est souligné par la répétition, sous forme de polyptote, du déterminant indéfini « tout ». Plus qu'humains, ils sont, dans le même vers, moins qu'humains, puisque qualifiés de « farouches », c'est-à-dire presque animaux. Ce même paradoxe se lit lorsque Hugo parle de « besogne » (vers 17) à propos de cette mission presque divine.

C'est le dernier vers de cette première section, isolé par deux blancs typographiques, qui semble synthétiser, concentrer, pour être plus exact, le paradoxe fondateur de ces personnages. Lumières à la fois sources d'espoir et effrayantes, ils n'existent que par contraste, ils n'ont de légitimité que par rapport à la situation chaotique et obscure du monde à cette époque. Le retour du verbe « errer » (cf. vers 1) indique au lecteur que le cycle de présentation s'achève. Nous savons désormais quelle est leur nature profonde, et quelle est leur mission première. Et, de fait, ces personnages s'humanisent, semblant perdre de leurs caractères surnaturels. Ils errent « ainsi que des lumières » : la comparaison remplace la métaphore (« spectres », vers 7) et la métonymie (« bras », vers 13), creusant une distance nouvelle entre ces hommes et ce qu'ils évoquent.

Il s'agit donc à présent pour le poète de montrer les conséquences de cette action sur ce qui les entoure, sur les hommes mêmes qu'ils entendent protéger. Le poète va les inscrire dans une réalité, et leur ôter leur aspect immatériel.

2. Du vers 20 au vers 28 : l'expression du paradoxe des chevaliers.

Pour marquer la réinscription des personnages dans une société définie, Hugo utilise un terme qui évoque la féodalité. Ces chevaliers, bien que dépourvus de seigneurie, sont des « seigneurs ». Le lecteur adopte, en quelque sorte, le regard des habitants des « chaumières » (vers 20), qui voient, dans ces hommes en armes, des signes aristocratiques. Cette seigneurie est, comme eux, itinérante, et se définit par leurs actes, et non par un droit héréditaire. Ils sont seigneurs parce qu'ils protègent les chaumières, c'est-à-dire les gens du peuple qu'ils croisent. Ce point de vue, nous le gardons dans le vers suivant : leur bonté, leur esprit de justice sont ressentis par leurs protégés, de même que l'obscurité et l'aspect inquiétant de leurs figures. Il faut noter que, si le décor se fait plus humain, les hommes et les femmes dont il est question ne sont présents que grâce à une nouvelle métonymie, les « chaumières » valant pour ceux qui y habitent.

Le vers 22 présente un parallélisme qui met en balance deux verbes : « garder » et « venger ». Cet équilibre met en avant la violence de l'époque, puisque loin de seulement protéger les peuple, ces paladins le vengent, quand il a été victime d'un crime. Cette violence est sans doute à l'origine de la peur qu'on éprouve face à ces hommes : au fond, le deuxième « quoique » pourrait être un « parce que ». Ils sont la seule protection des pauvres gens contre la violence du temps, mais ils sont eux-mêmes des êtres violents, qui, sans doute, ressemblent, du point de vue des villageois, à ceux qui se sont attaqués à eux... Mais, pour Hugo, ce qui explique l'« inquiétude » du peuple, présenté, avec le vers 22, comme presque ingrat, c'est la solitude de ces paladins. Cette « pâle solitude », comme celle des spectres, est incompréhensible pour ceux qui, par nécessité, vivent les uns contre les autres. Cette indépendance, cette absence de peur en fait des êtres presque surnaturels puisqu'ils ne sont pas soumis aux terreurs du temps. Mais c'est, pour le poète, une tendance naturelle de la foule que de voir d'un œil inquiet celui qui ne se joint pas à elle. La situation n'est donc pas seulement, pour Hugo, le fait d'une époque ; elle est bien représentative d'invariants humains. Le chevalier, par conséquent, prend un aspect plus universel, qui correspond à l'héroïsme romantique dans son ensemble : le héros romantique, solitaire, différent par nature du reste des humains, sera, même s'il est bon et juste, rejeté par ses semblables, et ne pourra jamais être pleinement accepté par le monde. Il est condamné à faire le bien sans jamais en recevoir de récompense. Sans être maudit, c'est, par définition, un héros incompris.

Les vers 25 à 28 développent cette idée, en élargissant la réaction des villageois à un niveau universel. C'est ce que souligne l'utilisation de la conjonction de coordination « car ». Le pronom personnel indéfini « on » a, lui aussi, une autre portée que celui présent au vers 9. Nous sommes, ainsi que le poète lui-même, inclus dans cette foule effrayée et refermée sur elle-même. Le passage au présent évoque ce changement d'échelle, ainsi que la présence à l'hémistiche de « ceux » (en contre-rejet interne), qui souligne encore la distance avec le « on ».

C'est l'errance calme, la sérénité du voyage qui semblent définir l'homme supérieur que craint la foule, immobile et tremblante. Le verbe « songer », si prégnant dans la poésie huronienne, permet d'opérer une synthèse entre le rêve et la réflexion, tout comme cette épopée est à mi-chemin entre la fable et l'histoire. Et c'est de ce caractère qu'ils tirent leur statut de mythe. L'évocation, sous une forme assez précieuse, de phénomènes naturels violents (l' « aquilon » est le nom ancien d'un vent violent ; la pluie « épand à flots son urne ») semble faire référence à un monde mythologique et mystérieux, où les intempéries ont une volonté propre (l'aquilon « rugit ») ; le verbe épandre est un verbe d'action. Bien qu'il n'y ait pas de majuscule au substantif « aquilon », le fait qu'il plonge des cieux semble indiquer qu'il possède une nature divine. Ces hommes qui ne craignent ni le vent ni la pluie sont en fait des héros qui défient les dieux.

Mais nous sommes toujours, en tant que lecteurs, placés dans une sorte de focalisation, puisque l'adjectif « entrevue », sans autre précision, semble indiquer une expérience commune, que nous sommes censés avoir déjà vécue. Le monde de celui qui se sépare de la foule est, bien sûr, la forêt, milieu hostile à l'habitation, sombre, où les silhouettes se confondent avec la forme des arbres. L'hypallage finale (le « bois nocturne ») marque bien cette double appartenance de ces hommes à la nuit et à la forêt, où règne, en quelque sorte, une nuit perpétuelle. Êtres mythiques, ces figures ne sont qu'entrevues, comme toutes les autres entités protectrices du foyer, êtres à la fois proches et de nature différente.

Conclusion.

Texte des plus importants donc que ces « Chevaliers errants », et d'autant plus qu'on le considère comme une expression de cette idée de l'héroïsme que défend Hugo en 1859. Le personnage romantique, à la fois supérieur et isolé, de par sa nature différente, radicalement opposée au reste des hommes, est tout à fait présent ici. Le romantisme, en effet, ne se résume pas au lyrisme exacerbé : Hugo, dans ce poème, donne une vision de l'histoire, de la politique, et, plus généralement, de l'Homme, qui répond, d'une certaine façon, au *Sturm und Drang* que les poètes allemands avaient défini plus de soixante ans plus tôt, mais aussi aux valeurs portées par la République de 1848, qui, selon Hugo, s'est suicidée lorsqu'elle a mis à sa tête un homme qui ne présentait pas cette fracture fondamentale avec le reste de l'humanité : Louis-Napoléon Bonaparte, que le poète appellera, après son coup d'État, Napoléon le Petit. Le chevalier errant n'est donc pas seulement un mythe, c'est cet homme que sa force même sépare des autres, c'est celui qui pâtit de sa nature supérieure. Comment ne pas y voir la figure de Hugo lui-même, rejeté par son pays, géant coincé sur une petite île au large de Saint-Malo ?

12

Nerval, Les Chimères

« El Desdichado ».

Je suis le ténébreux – le veuf, l'inconsolé,
Le prince d'Aquitaine à la tour abolie :
Ma seule étoile est morte ; et mon luth constellé
Porte le soleil noir de la Mélancolie.

Dans la nuit du tombeau, toi qui m'as consolé,
Rends-moi le Pausilippe et la mer d'Italie,
La fleur qui plaisait tant à mon cœur désolé,
Et la treille où le pampre à la rose s'allie.

Suis-je Amour ou Phébus ?... Lusignan ou Biron ?
Mon front est rouge encor du baiser de la reine ;
J'ai rêvé dans la grotte où nage la sirène...

Et j'ai deux fois vainqueur traversé l'Achéron :
Modulant tour à tour sur la lyre d'Orphée
Les soupirs de la sainte et les cris de la fée.

Ce sonnet de Gérard de Nerval (1808-1855), fameux surtout pour son premier quatrain, est un intéressant exemple des développements tardifs de la poésie romantique, au moment où les grands poètes de ce mouvement ne semblent plus connaître que des échecs : Hugo est en exil, et travaille à sa *Légende des siècles,* Lamartine, sévèrement battu aux élections présidentielles de décembre 1848, n'a plus l'aura que lui avait conférée la Révolution de février. Mais loin d'être l'avatar décadent d'un mouvement que diverses autres écoles attaquent violemment (le mouvement parnassien, pour la poésie, avec Hérédia ou Gautier, et le réalisme, pour le récit), ce poème illustre à la fois un lyrisme intense et une passionnante recherche formelle, qui ne sera pas sans influence sur les futurs symbolistes. À cette subtile construction métrique et sonore s'attachent, tels le pampre et la rose sur la treille, les tissages référentiel et temporel auxquels se livre le poète, qui, loin de tout exercice de style, semblent constituer, pour lui, l'essence du lyrisme, c'est-à-dire la trame même des émotions ressenties. C'est, au fond, la puissance du passé sur la vie présente, les hantises d'une jeunesse encore si sensible à son esprit, la construction d'une mythologie personnelle et complexe, et, surtout, le sens intime de son métier de poète que célèbre ici Nerval, loin des futures atteintes de la folie. Précurseur de toute autobiographie poétique moderne, il évoque mais jamais n'explique ni ne raconte, laissant le lecteur dévider à loisir cet écheveau serré.

Il est toujours difficile de retrouver, dans un poème aussi court qu'un sonnet, une organisation nette en mouvements distincts. Il semble cependant que le deuxième quatrain, marquant une évolution énonciative franche (l'apparition d'une destinataire, « tu »), constitue le centre, tant matériel que littéraire, du poème. Après un incipit prenant la forme d'une déploration, l'apparition de la femme aimée, qui prend tant de visages, marque une rupture de registre, faisant de ce deuxième quatrain une supplique, que rompent de nouveau les tercets, plus intimes, faits d'interrogations et d'assertions sur le rôle existentiel du poète, magicien qui, par-delà la mort de l'aimée, toujours la garde auprès de lui.

1. Le premier quatrain : une déploration.

Le titre de cette pièce, surnom tiré de *L'Ivanohé* de Walter Scott, désigne un jeune aristocrate saxon que Jean sans Terre a privé de son fief, et se traduit, traditionnellement, par « le déshérité ». Sans être sûr d'abord qu'il s'agit bien du poète, le lecteur peut entrevoir dans cet adjectif espagnol la solitude d'un homme autour duquel s'organisera le texte. Cet homme se montre, immédiatement, comme dépouillé, volé, pleurant ce qui lui a été pris. Mais Nerval veut aussi souligner la référence moyenâgeuse (c'est-à-dire tirée d'un Moyen Âge mythique, fantasmé) qui traverse son œuvre. Il se veut, au fond, un chevalier errant, solitaire, victime de l'injustice, et c'est en tant que tel qu'il semble déplorer ce que la vie lui a enlevé. Nerval, que l'on surnomme « le jeune homme », va s'incarner dans cette figure mythologique pour exprimer cette peine.

Ces pleurs du poète atteignent immédiatement le lecteur. Le premier vers, saisissant, semble revenir à un acte de présentation, ou, plus encore peut-être, à une définition de soi, proposée par le poète. Les trois adjectifs substantivés qui le composent rappellent le titre, bien sûr, et sonnent comme des surnoms de chevaliers, pseudonymes qui suivent celui qui n'a plus de terre, de famille, et qui évoquent, souvent, une de ses caractéristiques principales. Le surnom d'Amadis, par exemple, héros du roman de chevalerie espagnol Amadis de Gaule (XVIe siècle), n'est-il pas le « beau ténébreux » ? Mais, au-delà de toute référence par trop précise à l'intertexte sous-jacent, le « Je » du premier vers inaugure une véritable prise de parole, la réponse à une question non posée, gagnée sur le silence qui menacerait tout texte poétique. Et ce poète se présente à nous comme habité par l'absence : absence évoquée par le préfixe privatif « in-» (« inconsolé », au vers 1), énoncée de façon mystérieuse à la rime du deuxième vers (« abolie »), et soulignée, à l'hémistiche du vers 3, avec l'adjectif attribut « morte », répondant à l'épithète « seule », qui marque ainsi le vide qui habite le « je » aujourd'hui. Deuil du bonheur et déploration confèrent à ce premier vers un ton augural de la connotation affective générale.

Mais, outre l'imagerie chevaleresque, la signification de ce quatrain semble tout entière contenue dans le premier de ces adjectifs : « le ténébreux ». Le tiret qui le suit le sépare des deux autres, évoquant presque la possibilité que ces derniers ne soient que de simples reformulations de ce surnom initial. Le poète est celui qui est envahi par les ténèbres, par la nuit, parce qu'il a perdu le symbole même de sa noblesse (la « tour abolie », au vers 2), et son titre (le « prince d'Aquitaine » n'est plus aujourd'hui que le « ténébreux »). Il faut se souvenir que Nerval s'imaginait réellement descendre d'une famille de chevaliers du Périgord : c'est bien de lui-même qu'il parle, et la transfiguration n'est pas si symbolique qu'il y paraît.

Les deux points, à la fin du vers 2, semblent indiquer que ce qui les suit explique cette situation. La tour abolie (et non détruite) l'a-t-elle été à cause de la mort de cette « étoile », terme que le poète souligne lui-même ? À quoi cet astre fait-il référence ? À la femme aimée, bien sûr, qui apparaît ici pour la première fois, mais aussi, pourquoi pas, à son destin de chevalier-poète (le « prince d'Aquitaine », qui joue du luth), à l'astre qu'il devait suivre et qui a disparu, le laissant « ténébreux » dans la nuit de la Mélancolie, où le soleil n'éclaire ni ne réchauffe plus. Quoi qu'il en soit, ce qu'il a perdu était unique (« seule » au vers 3), et cette perte l'a plongé dans un désespoir dont il ne peut sortir ; l' « inconsolé » est bien, en fait, l'inconsolable. La rêverie métaphorique sur le cosmos est l'occasion d'évoquer l'univers intérieur du poète, convoquant les forces telluriques pour mieux souligner son impuissance présente au bonheur. La dimension déplorative et élégiaque du poème est d'autant plus forte que l'imagerie traditionnelle du poète comme force cosmique est « abolie » : chaque élément descriptif est ici allégorique, et le sème de la négativité habite l'ensemble du quatrain. L'association traditionnelle dans l'imagerie romantique entre amour et inspiration est convoquée pour mieux être révoquée.

La « décoration » du luth, au vers 4 (attribut du poète joyeux, qui chante des odes, pièces épidictiques), fait référence à la tradition d'ecphrasis de l'instrument du poète, dont une illustration célèbre se retrouve dans les *Odes* de Ronsard (« A sa guiterre », *Odes,* II, XIX). Mais plutôt que d'y placer des scènes empruntées à la mythologie ancienne, Nerval en fait, en lui-même, un ciel. Et si l'homme a perdu « sa seule étoile », son instrument, lui, reste « constellé », c'est-à-dire recouvert d'astres brillants : c'est dans son art que Nerval retrouve ce qu'il a perdu, en pleurant cette femme morte, en plaçant au centre du ciel de sa poésie la Mélancolie. Le fameux oxymore du vers 4, « le soleil noir », est à comprendre dans ce contexte : plus qu'un ciel de nuit, ce luth porte et diffuse une lumière inverse, sombre, triste, mais une lumière tout de même, aussi puissante qu'un soleil. En faisant référence à la gravure de Dürer (1471-1528), « La Mélancolie », Nerval se replace dans un contexte médiéval. Il sait fort bien que la Mélancolie est, à l'époque, considérée comme un mal fort puissant, et qu'elle se nomme aussi, chez certains auteurs, la « tristesse mortifère ». Un an après la parution des *Chimères,* Nerval se suicidera, faute, peut-être, de pouvoir supporter la lumière noire si éprouvante de son désespoir.

2. Le deuxième quatrain : une supplique.

L'impératif, au centre de la phrase qui constitue cette strophe, nous indique que le poète formule bien une demande. L'apparition d'un ou d'une destinataire nous fait avancer dans le système complexe du poème. D'un point de vue grammatical, l'ensemble semble beaucoup plus simple que dans le premier quatrain. Cependant, le complément de temps qui ouvre la strophe paraît se rapporter, de façon étonnante, à la proposition relative de l'apposition au sujet (« toi qui m'a consolé », au vers 5). Plaçant ainsi en exergue le lieu où cette consolation a eu lieu, le poète paraît replacer un événement dans un contexte, pour nous aider à comprendre à qui il s'adresse. Mais il ne précise pas de quel tombeau il s'agit : celui de la femme aimée, l'étoile morte (ce que semble confirmer l'idée de « nuit », au vers 5), ou bien celui de Virgile, où Nerval aurait rencontré une jeune fille ? Il n'est pas plus possible, à la seule lecture du poème, de comprendre s'il parle à un homme ou à une femme, et donc de comprendre si cette consolation est d'ordre amoureux ou non. Le poète continue donc à procéder par images et scènes incomplètes, laissant le lecteur dans l'ignorance du sens précis de ses paroles.

Mais s'il fait référence ici à un souvenir différent, le contenu de ce quatrain n'en est pas moins lié à celui de ce qui précède. On l'a dit, l'étoile morte est rappelée par le « tombeau » (vers 5), et à la déploration de la première strophe répond la consolation évoquée ici (vers 5). Peu importe au fond qu'il s'agisse ou non de la même peine, le seul fait que Nerval construise son texte de cette manière montre qu'il met en place un véritable système sentimental, comme dans une narration. Après cette consolation, déjà évoquée comme un souvenir (telle est la valeur du passé composé, au vers 5), alors que la perte est, elle, ressentie au présent, vient la supplique du vers 6 (« Rends-moi... »), dont le verbe fait toujours référence à ce qui a été retiré au « je », ce dont il a été dépouillé.

Après une possible première référence ancienne (le tombeau de Virgile), le nom du « Pausilippe », colline de Naples, et l'apparition de la « mer d'Italie » paraissent nous transporter dans le temps comme dans l'espace. Aux nostalgies médiévales, succède un monde antique centré autour de la baie de Naples. Le poète demande-t-il à cette jeune fille, rencontrée sous les auspices du grand poète latin, de remplacer celle qui fut sa dame, en d'autres temps ? L'a-t-il, elle aussi, perdue, et marque-t-il sa volonté de retrouver le bonheur éprouvé en Italie ? Quoi qu'il en soit, il opère un renversement historique, fondant son évocation sur la chronologie de sa propre vie, et montrant ainsi que les références historiques ou mythologiques ne sont qu'une façon d'évoquer son propre passé.

Le poète se présente toujours comme habité par une absence : à l'étoile répond la fleur (elle aussi en italiques), qu'il a perdue (comme le montre l'imparfait « plaisait » au vers 7), et son cœur est « désolé », sans doute à la manière d'une terre déserte et aride. Le dernier vers de cette strophe, qui constitue également le dernier complément d'objet, plus qu'une nouvelle évocation de l'Italie (« la treille » et « le pampre » donnent une couleur méridionale à cette image), symbolise les rapports amoureux de façon puissante : le principe masculin (le pampre, nom masculin que Nerval préfère à la vigne) et le principe féminin « s'allient » de façon inséparable, soutenus tous deux par la grille de bois, mais également se soutenant l'un l'autre. La gradation dans la taille des compléments d'objet direct (quatre syllabes, puis cinq syllabes, puis, à deux reprises, un vers entier) semble donner une importance particulière aux deux derniers objets de sa supplique. Plus qu'un souvenir, c'est l'amour lui-même (la « fleur », et son lien indéfectible avec elle) qu'il réclame.

3. Les deux tercets : le poète magicien.

Le groupe que forment ces deux dernières strophes commence par une question, et au « Suis-je » du vers 9, il faut opposer le « Je suis » du vers 1. Face aux quatrains, affirmations d'une identité du poète fondée sur son histoire amoureuse, les tercets constituent donc une interrogation, qui suit également le constat d'échec face aux souvenirs. Nerval cherche toujours, au fond, une solution à son dépouillement. C'est en « desdichado » qu'il s'interroge : comment retrouver ce qui l'a rendu heureux et qu'il a perdu ? S'il respecte la coupure traditionnelle entre les quatrains et les tercets, il introduit alors un système d'opposition entre question et affirmation, présent et passé aussi, qui recouvre sa géographie mentale : chaque élément spatial est projeté dans le temps d'une durée intérieure, celle d'une vision rétrospective qui, convoquée ici, semble seule capable de rendre au poète ce sentiment de plénitude amoureuse et poétique évoquée.

Mais la question prend une nouvelle fois une forme symbolique. Nerval continue à tisser les références, alternant, tout d'abord, dans un parallélisme au vers 9 dieux antiques (« Amour », autre nom de Cupidon, et « Phébus », le soleil, autre nom d'Apollon) et noms de familles nobles du Moyen Âge, légendaire en ce qui concerne Lusignan (il s'agit de l'époux de la fée Mélusine, selon le roman de Jean d'Arras), historique pour Biron, qui fut celui d'un seigneur fidèle à Henri IV. La présence à la rime, aux vers 10 et 11, de la reine (métamorphose de la « dame ») et de la sirène (créature féminine fabuleuse, à la fois mélodieuse et dangereuse, du monde antique) complète ce tissage serré. À cette quête identitaire indécidable, car il n'en fournit pas les critères, Nerval ne fournit pas de réponse. La véritable alternative est-elle entre amour et soleil (que l'on pourrait reformuler par amour ou art) ? Ou entre roi de Chypre mythique et seigneur historique, c'est-à-dire entre rêverie puissante et vie réelle ? (Ce décryptage met à découvert un chiasme qui enferme la poésie dans le réel.) Ou est-elle entre ces deux oppositions elles-mêmes ? C'est ce que semblent indiquer, tout d'abord, les points de suspension qui les séparent et les mettent en balance, mais aussi les deux vers suivants : le poète hésite entre deux femmes symboliques, on l'a dit, de deux mythologies. Mais face à la rêverie antiquisante dans la baie de Naples, où nage, activité fluide et immatérielle, cette femme terrible qu'est la sirène, la reine médiévale, elle, semble plus réelle, moins poétique. Son souvenir aussi est plus matériel (le rouge du baiser qui demeure, au vers 10), presque douloureux, si l'on veut voir dans cette couleur le sang du poète. Au fond, la vie amoureuse intérieure, représentée par la scène italienne, s'oppose au baiser, bien réel, que Nerval a reçu d'une jeune fille, Adrienne. Mais de nouveaux points de suspension ferment ce tercet, laissant cet équilibre en l'état, sans qu'aucune décision ne soit prise.

La dernière strophe clôt le sonnet sur cette situation bipolaire. Elle est marquée par le chiffre deux, dans le lexique (« deux fois vainqueur », au vers 12, « tour à tour », au vers 13), comme dans le rythme (le dernier vers est fondé sur un parallélisme net, accusé par le rythme 3/3//3/3), ou dans la grammaire (le même vers 14 met en parallèle deux groupes nominaux construits de la même façon : substantif pluriel et complément du nom substantif singulier). C'est en préservant cet équilibre que le poète se fait magicien : Orphée, figure mythique du poète dans la littérature antique, Orphée, dont il a pris la lyre (vers 13), a été chercher deux fois son épouse Eurydice aux enfers, traversant le fleuve de l'Achéron pour la ramener à la lumière. C'est donc par la poésie que la femme morte peut revivre, femme multiple, sans visage particulier, à la fois reine et sirène, sainte (issue d'un monde christianisé) et fée (païenne, mais aussi, étymologiquement celle qui parle, *fata,* et donc, si l'on veut, la sirène). Cette synthèse, il peut la faire en « modulant tour à tour » les caractéristiques de la femme idéale, à la fois soupirante et violente. Là encore, inspiration et conquête amoureuse sont indissociables dans une vision tour à tour nostalgique et victorieuse. Le lyrisme (le mot de « lyre » est cité au vers 13) représente alors cette solution, dans sa labilité même, dans son indécision.

Conclusion.

L'obscurité même des références, internes et externes, dans ce texte, sert le projet du poète. Le lecteur est peut-être plus attentif à la musicalité, à la perfection formelle qui se dégage de ce texte, et entend une musique plaintive, fondée tout au long du sonnet sur des allitérations en « -r- », qui rappellent le titre du recueil et font entendre soupirs et cris qui n'apparaissent, en fait, qu'à la fin du poème. Nerval, écartelé entre des mythes et des souvenirs différents, atteint à une forme de sérénité en se faisant magicien, Orphée, et en créant, par le lyrisme, une mythologie personnelle, presque autobiographique. En convoquant la catégorie traditionnelle de l'élégie, qui entre ici en tension avec la tonalité victorieuse qui peu à peu se fait jour, le poète dessine un mouvement qui brise la linéarité temporelle pour reconstruire dans l'objet poétique un lieu et un temps proprement mythique, celui d'une plénitude sans doute « chimérique ».

13

Verlaine, Fêtes galantes

« À la promenade ».

Le ciel si pâle et les arbres si grêles
Semblent sourire à nos costumes clairs
Qui vont flottant légers, avec des airs
De nonchalance et des mouvements d'aile.

Et le vent doux ride l'humble bassin,
Et la lueur du soleil qu'atténue
L'ombre des bas tilleuls de l'avenue
Nous parvient bleue et mourante à dessein.

Trompeurs exquis et coquettes charmantes,
Cœurs tendres, mais affranchis du serment,
Nous devisons délicieusement,
Et les amants lutinent les amantes,

De qui la main imperceptible sait
Parfois donner un soufflet, qu'on échange
Contre un baiser sur l'extrême phalange
Du petit doigt, et comme la chose est

Immensément excessive et farouche,
On est puni par un regard très sec,
Lequel contraste, au demeurant, avec
La moue assez clémente de la bouche.

Fêtes galantes, second recueil de Paul Verlaine, est publié en 1869. Figure du poète maudit à l'instar de son compagnon d'errance Arthur Rimbaud, Verlaine ne connut de reconnaissance que tardive, sacré « prince des poètes ». Père et illustrateur de premier plan du mouvement symboliste, il compose son œuvre par petites touches, fragments de tableaux délicieusement surannés, qui rappellent l'esthétique impressionniste, tout au mois dans les *Poèmes saturniens* et dans les *Fêtes galantes.* Le regret d'un monde perdu, la passivité et l'attente face aux choses doublent le sentiment de quiétude suscité par leur porosité, leur présence immédiate au monde du sensible : « Ayant détruit en elles par leur progressif affaiblissement toute référence et même toute allusion à un monde réel, ces sensations vivent un court instant en nous, irréelles et cependant présentes, messagères vides de tout message, absurdement et délicieusement suspendues dans l'équilibre instable de leur gratuité » (Jean-Pierre Richard, « Fadeur de Verlaine », *Poésie et profondeur*). *Fêtes galantes* paraît à l'époque où les frères Goncourt publient *L'Art au XVIIIe siècle,* ouvrage monumental dans lequel le peintre Watteau (1684-1721) est bien représenté. Dans un décor à dessein peu réel, qui rappelle l'ambiance légère et badine des tableaux du maître, le poète met ici en scène une fête où les personnages, réduits à des costumes puis à des rôles stéréotypés, s'adonnent au jeu de l'amour, qui gomme tout vécu du sentiment amoureux dans un délicieux trompe-l'œil, une comédie sentimentale d'inspiration marivaldienne, au sens conventionnel du terme.

Fidèle à l'esthétique de Watteau, Verlaine tente ici de reprendre à la peinture son bien, comme Mallarmé souhaitait le faire pour la musique, dans un jeu sur l'apparence et les clichés amoureux du marivaudage. Pour autant, ce poème est-il exempt de toute « profondeur » ? Derrière la prégnance de l'apparence, que dissimulent le parti pris de l'absence passionnelle et le choix de l'artifice contre le naturel, si ce n'est une attitude désespérée face au monde, un silence désespérant où plus rien n'est possible ? La comédie du marivaudage tourne en tragédie l'impossible profondeur des signes spatiaux et amoureux, dans un jeu ambigu, une dialectique de l'être et du désir, de l'apparence altruiste et de l'essence subjective. Fête et désillusion sont inséparables, dans un poème qui est aussi jeu sur les virtualités expressives du langage, où l'épaisseur des signes ne se donne à lire que dans la transparence d'un langage ouvertement musical – cette musique du silence si chère à Mallarmé, en laquelle la chose s'abolit et se donne tout à la fois musicalement.

Ainsi les deux premières strophes présentent-elles le décor et l'atmosphère irréels de ce tableau, avant que les trois strophes suivantes ne mettent en scène les acteurs d'un marivaudage convenu.

1. Les deux premières strophes : du malaise de l'évanescence à la fête chatoyante.

Les deux premiers quatrains posent le décor et les lumières dans lesquelles se déroulera la scène de marivaudage : ce cadre apparaît d'emblée comme fragile, menacé d'irréalité dans le mouvement même de nomination de ses propriétés. Ainsi, le vers 1, ordonné par la reprise des « si », marque un mouvement vertical de chute, du ciel aux arbres, mouvement instable dans la mesure où l'on ne perçoit du ciel qu'une lumière qui n'éclaire pas (« pâle »), où les arbres ne sont pas une image de la force mais de l'évanescence (« grêles »). Le ciel et les arbres, aussitôt nommés, sont niés par les adjectifs qui les qualifient. Par ailleurs, l'intensif « si » devrait introduire une proposition consécutive (du type « qu'ils vont disparaître » ou « qu'ils en sont irréels »), dont l'absence augmente le sentiment d'instabilité du paysage. Ce déséquilibre est néanmoins atténué par l'allitération entre « ciel » et « grêles », et l'assonance entre « pâle » et « arbres », qui forment un chiasme sonore, et confèrent à ce vers une impression d'unité rassurante : phonétiquement, le vers se referme sur lui-même, d'autant plus que la césure traditionnelle du décasyllabe se situe après la quatrième syllabe, et rend ainsi plus sensible encore l'assonance et l'allitération, comme si les deux noms échangeaient leurs propriétés. Il y a bien ici « quelque chose souvent de l'assonance dans le corps du vers » (Introduction aux *Poèmes saturniens*) : la connotation angoissante suscitée par l'évanescence des objets naturels est corrigée par la structure phonique et métrique du vers : l'équilibre esthétique du vers compense le déséquilibre d'une irréalité fragile. Ainsi, le ciel et les arbres sont-ils présentés comme rassurants par leur sourire : une connivence s'établit et se dit entre le couple, ou en tout cas le « nous » à ce stade du poème, et les éléments naturels, d'autant plus que l'enjambement entre les vers 1 et 2 libère de tout ce qui était angoisse dans le premier vers : la consécutive n'apparaît pas, au profit d'un mélange des qualités entre le ciel et les costumes, ce que marque l'allitération en [c] dans le syntagme « costumes clairs », ainsi que l'allitération en [s], qui assume phonétiquement le rôle de la consécutive absente, en liant le sourire aux deux intensifs du premier vers. De même, les arbres sont transparents à force d'être grêles ; leur sourire est alors plus facile à imaginer : ils ne sont là qu'en tant qu'effets de lumière. Verlaine use ici d'une technique impressionniste. Mais, dans ce vers tout comme dans le premier, l'esthétique de l'ambiguïté persiste : ce sourire évoqué n'est qu'un semblant de sourire, d'autant plus que le groupe verbal, placé en tête de vers et souligné par l'allitération en [s], est mis en valeur. Nous sommes, là encore, réduits à une apparence de sourire, une fragilité dans l'absence d'épaisseur des signes délivrés par le décor. Ce semblant de sourire s'adresse à un personnage de convention, une apparence là encore, un être résorbé dans son vêtement : le malaise du premier vers n'est pas dissipé, bien au contraire, il contamine jusqu'à l'être des personnages évoqués, dont la réalité même est mise en doute.

Les vers 3 et 4 approfondissent le caractère inconsistant du décor. La notion de mouvement est « introduite » dans un tableau jusqu'ici statique, par le rythme de la scansion des vers (6/4 et 4/6), et l'accent mis sur les deux syllabes successives de la fin du vers 4 (« mouvem<u>ents</u> d'<u>ail</u>es »), qui reproduit dans le rythme accentuel le mouvement binaire des ailes. Le contre-rejet externe entre les deux vers continue de développer l'ambiguïté quant à l'existence du tableau, puisque, si nous respectons la pose demandée par le changement de vers, l'accent est mis sur le lexème « air » : la syllepse (« air » comme le ciel, « air » comme l'apparence) met en avant le sème de l'apparence. De même, l'aspect duratif du syntagme « qui vont flottant », mis en valeur par la torsion imprimée au langage courant, confère au mouvement un caractère indéfini : ce mouvement n'a peut-être jamais commencé, il est pure durée d'une évanescence qui contamine la sphère temporelle (l'adjectif « flottant »), d'autant plus que l'adjectif « légers » est mis en valeur par la césure et le changement de rythme. Ces airs évanescents finissent par être définis par la « nonchalance », qui souligne une qualification morale, plus humaine, mais portée par l'insouciance. Pas de réalité donc pour équilibrer l'inconsistance de l'ensemble : le mouvement d'aile renvoie au ciel, y compris phoniquement, il est un autre effet du reflet, qui rappelle la légèreté des costumes et la futilité des personnages : la futilité est un signe sans épaisseur, vide, qui fait signe vers quelque chose qui est lui-même évanescent. Costumes et décors sont frappés par l'inconsistance : la fête chatoyante des rimes et des sonorités déroule de pures apparences sans épaisseur, quasi irréelles, sur fond d'une angoisse légère, qui reste circonscrite par ces apparences.

Le deuxième quatrain, toujours composé de décasyllabes et de rimes embrassées alternant rimes masculines et féminines, met l'accent sur le sème de la lumière, et reproduit sur l'ensemble de la strophe le mouvement des lumières et des ombres qui anime le décor.

Le « vent doux » fait sans doute référence au zéphyr : la connotation de douceur est mise en valeur par sa place, juste avant la césure, et frappe d'inanité la fonction emphatique de l'anaphore en « et » aux vers 5 et 6. « Et » n'a pas en effet sa fonction de coordonnant ici, mais une fonction emphatique qui vise à mettre en avant le phénomène évoqué. Cependant, si quelque chose se passe, le mouvement est extrêmement réduit, cantonné à la sphère du bassin. C'est le phénomène bien reconnaissable ici du zéphyr, mais si on remplace « vent doux » par « zéphyr », le vers se rompt : le vent ici évoqué est un vent qui n'est pas ce qu'il est, il est doux mais n'est pas une brise. Là encore, le sentiment d'incertitude est prégnant, d'autant plus que le vers joue sur l'alternance entre un premier hémistiche plein et un deuxième hémistiche reposant sur deux « e », aussi inexistant donc que possible. « Ride » est associé à « doux » par leur dénotation commune dans un jeu sur l'ouverture moyenne et la fermeture des phonèmes [i] et [ou] : la césure va donc s'élargir, marquant une hésitation sur le mouvement de ce vent évoqué : c'est quelque chose d'étonnant alors que le vent ait réussi à provoquer une ride sur le bassin, une action néanmoins évanescente elle aussi, car amenée à disparaître aussitôt que produite. Quant au bassin, il est tout aussi inconsistant, le plus modeste possible, dans un chiasme sonore qui replie phonétiquement ce second hémistiche sur lui-même (assonance en [in] et allitération en [b]).

Les vers 6 à 8 retracent le trajet de la lumière et permettent de déceler plus explicitement un parti pris esthétique qui ouvre sur la notion de jeu. Là encore, la lumière du « soleil » n'est plus que « lueur », dans un syntagme presque oxymorique, mis en valeur par le contre-rejet « qu'atténue », qui permet d'isoler un premier hémistiche de sept syllabes au vers 6 : la fluidité des vers 6 à 8, accentuée par ce bloc de sept syllabes, suggère que la lumière n'est pas brisée par les arbres « grêles ». Est ainsi décrit un état de manque, de défaillance de la lumière, reposant sur l'impression que le vers 6, déséquilibré par le rythme 7/3, est incomplet. Seule l'assonance en [u] permet de rétablir l'unité menacée du vers. Le vers 7 décrit le trajet de cette lumière qui est lueur : « ombre » et « bas » se renforcent par l'allitération en [b] et l'inversion des qualités de la lumière et des « tilleuls » permise par l'emploi de l'adjectif « bas », d'autant plus mis en valeur qu'il est antéposé, avant le contre-rejet interne. Par ailleurs, le double complément du nom donne l'impression d'une maladresse délibérée de cette lumière, qui ne peut se frayer un chemin jusqu'au sol que « mourante » (vers 8) : l'horizon ouvert par l'avenue nous est aussitôt retiré par la rime « atténue/avenue » et le système d'emboîtement des compléments du nom. Quand la lumière atteint son but après ce trajet de deux vers, il n'en reste presque rien, une lueur de crépuscule au mieux, ce que suggère l'alliance de la pâleur (« bleue ») et de l'agonie (« mourante »), d'autant plus que le pronom « nous » rappelle qu'il s'agit seulement des costumes du vers 2 : l'impression évanescente et fragile s'en trouve redoublée. Mais « à dessein » s'oppose à ce caractère incertain et systématiquement atténué de la lumière ; il suggère une volonté, un parti pris délibéré qui renvoie au « nous » : le « nous », figure du poète, marque le caractère intentionnel d'une telle évanescence. Le parti pris esthétique du décor est à mettre en perspective avec le parti pris de la comédie qui va suivre : toute angoisse devant ce monde inconsistant disparaît devant la notion de jeu qui métamorphose le paysage en tableau chatoyant et ludique, où pourra se jouer la comédie de l'apparence – le marivaudage sentimental.

2. Les trois dernières strophes : marivaudage et apparence.

Une fois décrit le cadre, Verlaine l'anime en une fête où prédominent l'apparence et la facticité : toute l'angoisse devant le paysage se résorbe en un jeu futile et épicurien, qui n'est néanmoins pas exempt d'un sentiment plus profond, inscrit dans cette futilité même.

Les strophes trois, quatre et cinq développent une seule phrase, mise en scène d'une comédie qui semble à tout instant pouvoir se clore. La scène progresse par bonds et rebonds successifs, qui définissent une esthétique de la surprise. Les deux rebonds permis par les « et » du vers 12 et 16 relancent à deux reprises la scène, développée en propositions relatives ouvertement maladroites dans la manière dont elles reviennent les unes sur les autres (quatrième strophe). Les effets de surprise sont accentués et soulignés par le décalage entre la structure métrique et la structure syntaxique, ainsi que par les rimes qui assonent dans la troisième strophe (même son vocalique entre les quatre rimes). Le jeu sur la forme s'affiche dans un épicurisme facile : la diérèse sur « délicieusement » (six syllabes) et la rime batelée (« délicieusement / amants » aux vers 11 et 12) met alors en valeur ce sème de la jouissance à la fois esthétique et sensuelle. Ainsi, l'assonance en [i] dans cette strophe met-elle en valeur le bonheur facile du libertinage badin.

Ce parti pris esthétique illustre en effet le badinage tout conventionnel de cette scène, dans laquelle rien n'est traité sérieusement : l'humour et le jeu sont autant d'indices d'un parti pris, celui de la légèreté. C'est alors à une revisitation du théâtre marivaldien, au sens conventionnel du terme, que nous invite le poète : l'univers du théâtre est présent en arrière-fond, présent mais vidé de toute substance. Le vers 10 suggère la passion d'un personnage libre de tout ce qui engage dans une aventure amoureuse, alors que se développent les stéréotypes théâtraux au vers 9 (« trompeurs » et « coquettes ») : le chiasme phonique entre « exquis » et « coquettes » amène une indécision quant à la fonction qualificative des adjectifs. Le pouvoir magique des deux types théâtraux est nié par l'indécision qui flotte quant à leurs rôles respectifs.

Dès lors, la scène de marivaudage décrite est tout entière placée sous le signe des stéréotypes et des archaïsmes qui dévoilent la dimension ludique et l'absence de tout sentiment véritable dans cette danse exquise : les verbes deviser (vers 11) et lutiner (vers 12) sont deux archaïsmes délibérés qui appuient les valeurs conventionnelles de la scène qui se joue. Lutiner, c'est prendre des privautés sans conséquence, mais aussi s'identifier aux « lutins » : le jeu amoureux est métamorphosé en jeu de lutins, dépasse le cadre étroit du « nous » pour atteindre à une dimension impersonnelle marquée par le pronom impersonnel « on » (vers 18) et l'article « la » (vers 13) qui généralise l'absence de détermination observée dès le vers 12. Un mouvement d'amplification et de dépersonnalisation gouverne la structure des trois strophes. Les deux dernières strophes développent des stéréotypes amoureux qui frappent d'inanité toute profondeur du sentiment au profit d'un pur jeu sur l'apparence et le code amoureux. L'amante est irréalisée par les sèmes de finesse qui la caractérisent : la « main » au vers 13 est « imperceptible », et indique la transparence des stéréotypes féminins qui gouvernent cette scène, l'irréalité de l'ensemble. Ainsi, le *topos* de la vertu offensée de l'amante est frappé d'inanité par l'adverbe « parfois » : la vertu se dévalorise et se nie dans le mouvement même qui l'exprime, elle est la marque non d'une profondeur féminine mais d'un pur jeu sur le respect et la transgression des codes amoureux. La fausseté n'est pas ici synonyme de duplicité mais la marque de ce code : la femme est ici de manière stéréotypée sensuelle dans la feinte amoureuse que constitue son refus : l'assonance entre « moue » et « bouche » au vers 20 crée l'unité du désir, du refus et du laisser-faire, et exprime alors tout ce qu'a de sensuel la bouche féminine, bien plus objet de conquête que la main, sans doute. Quant à la figure masculine évoquée ici, elle est empreinte de l'ensemble des stéréotypes caractéristiques de l'audace : peu sensible aux protestations de sa « dame », l'homme relance sans cesse le commerce avec elle, car il sait lire les signes du code féminin. La transparence des signes de la conquête amoureuse est le gage d'une parade légère, accordée à l'atmosphère du décor.

L'effet de distanciation rend cette scène frivole ridicule : le séducteur se distingue en effet de son propre rôle, au vers 19, dans lequel la rime « sec/avec » est l'indice d'un jeu phonique qui fait sourire. De même, l'emploi systématique des hyperboles dénonce la présence du narrateur, moqueuse : la prétendue délicatesse, la préciosité des codes sont dénoncées par le narrateur aux vers 15 et 16. Ici, le baiser le plus précautionneux qui soit effleure la main la plus imperceptible possible (« extrême phalange / du petit doigt »). L'évanescence fragile de la scène est alors exempte de toute angoisse, de tout trouble quant à la possibilité d'un refus déchirant pour le narrateur, au profit d'une moquerie qui dénonce le caractère conventionnel des signes : l'adverbe « immensément » (vers 17) s'oppose dans sa littéralité hyperbolique à l'adjectif « petit » (vers 16). Plus encore, le caractère grotesque de cette hyperbole est redoublé par l'adjectif « excessive » (vers 17), pléonasme qui introduit là encore une distance vis-à-vis du narrateur du récit galant. La rime entre « farouche » et « bouche » suggère alors le trajet du refus à la victoire du désir, mais cette acceptation peut-elle être encore considérée comme la marque d'une volonté – ou simple convention dénuée de toute profondeur ?

Conclusion.

Dans un décor à dessein peu réel, Verlaine anime une fête où les personnages sont réduits à de simples costumes puis à des rôles stéréotypés : le jeu de l'amour est ici exempt de tout hasard, dans la transparence des codes du « lutinage ». Pour autant, l'humour et la virtuosité formelle, signes d'une fête des mots, ne peuvent faire totalement oublier la légère angoisse qui surgit lors de l'évocation du décor dans les deux premiers quatrains : le parti pris d'éluder ici tout vécu personnel du sentiment amoureux au profit d'un épicurisme délicieux au point de vue esthétique recèle sans doute une profondeur dans l'apparence et l'évanescence même de la scène : que peuvent signifier ce refus de la passion et le choix de l'artifice des stéréotypes, si ce n'est le refus du naturel ? Or, préférer l'artifice au naturel, c'est se duper soi-même pour ne pas être dupe. Le seul moyen d'échapper aux stéréotypes de l'amour, c'est d'y souscrire, en espérant que le manque d'amour fera fuir l'Amour. Finalement ne reste de cette fête qu'un silence désespérant où plus rien n'est possible : la transparence des signes dénonce l'impossibilité d'un rapport immédiat et sincère au monde.

14

Rimbaud, Une saison en enfer

« Adieu ».

L'automne déjà ! – Mais pourquoi regretter un éternel soleil, si nous sommes engagés à la découverte de la clarté divine – loin des gens qui meurent sur les saisons.

L'automne. Notre barque élevée dans les brumes immobiles tourne vers le port de la misère, la cité énorme au ciel taché de feu et de boue. Ah ! les haillons pourris, le pain trempé de pluie, l'ivresse, les mille amours qui m'ont crucifié ! Elle ne finira donc point cette goule reine de millions d'âmes et de corps morts *et qui seront jugés* ! Je me revois la peau rongée par la boue et la peste, des vers plein les cheveux et les aisselles et encore de plus gros vers sur le cœur, étendu parmi les inconnus sans âge, sans sentiment... J'aurais pu y mourir... L'affreuse évocation ! J'exècre la misère.

Et je redoute l'hiver parce que c'est la saison du confort !

— Quelquefois je vois au ciel des plages sans fin couvertes de blanches nations en joie. Un grand vaisseau d'or, au-dessus de moi, agite ses pavillons multicolores sous les brises du matin. J'ai créé toutes les fêtes, tous les triomphes, tous les drames. J'ai essayé d'inventer de nouvelles fleurs, de nouveaux astres, de nouvelles chairs, de nouvelles langues. J'ai cru acquérir des pouvoirs surnaturels. Eh bien ! je dois enterrer mon imagination et mes souvenirs ! Une belle gloire d'artiste et de conteur emportée !

Moi ! moi qui me suis dit mage ou ange, dispensé de toute morale, je suis rendu au sol, avec un devoir à chercher, et la réalité rugueuse à étreindre ! Paysan !

Suis-je trompé ? la charité serait-elle sœur de la mort, pour moi ? Enfin, je demanderai pardon pour m'être nourri de mensonge. Et allons. Mais pas une main amie ! et où puiser le secours ?

Oui, l'heure nouvelle est au moins très sévère.

Car je puis dire que la victoire m'est acquise : les grincements de dents, les sifflements de feu, les soupirs empestés se modèrent. Tous les souvenirs immondes s'effacent. Mes derniers regrets détalent, des jalousies pour les mendiants, les brigands, les amis de la mort, les arriérés de toutes sortes. – Damnés, si je me vengeais !

Il faut être absolument moderne.

Point de cantiques : tenir le pas gagné. Dure nuit ! le sang séché fume sur ma face, et je n'ai rien derrière moi, que cet horrible arbrisseau !... Le combat spirituel est aussi brutal que la bataille d'hommes ; mais la vision de la justice est le plaisir de Dieu seul.

Cependant, c'est la veille. Recevons tous les influx de vigueur et de tendresse réelle. Et à l'aurore, armés d'une ardente patience, nous entrerons aux splendides villes.

Que parlais-je de main amie ! Un bel avantage, c'est que je puis rire des vieilles amours mensongères, et frapper de honte ces couples menteurs – j'ai vu l'enfer des femmes là-bas ; – et il me sera loisible de *posséder la vérité dans une âme et un corps*.

L'œuvre poétique de Rimbaud n'est pas uniforme : elle mêle poésie en vers et poésie en prose, évolue d'un classicisme d'élève respectueux envers ses maîtres au sacrilège de l'adolescent révolté contre toute espèce d'ordre. Dans sa préface aux *Œuvres complètes* de Rimbaud, René Char évoque les différentes appellations traditionnelles, de Rimbaud le Voyou à Rimbaud le Voyant. Rimbaud est tout cela, puisqu'il est poète. René Char tente de dévoiler l'unité organique de l'œuvre du poète, autour de la recherche d'une cohérence de la « révélation poétique » :

« Chaque mouvement de son œuvre et chaque moment de sa vie participent à une entreprise que l'on dirait conduite à la perfection par Apollon et par Pluton : la révélation poétique, révélation la moins voilée qui, en tant que loi, nous échappe, mais qui, sous le nom de phénomène noble, nous hante presque familièrement. »

Rimbaud semble ici se placer sous la protection du dieu de la lumière et du dieu des enfers, ce qui ne trahit pas la continuité d'une écriture poétique à la fois illuminée par la vérité qu'elle effleure toujours et marquée par l'ombre du monde caché qu'elle porte au langage. C'est dans cette double perspective que peut se lire *Une saison en enfer*. Ce recueil assez bref marque un tournant dans la courte carrière littéraire de Rimbaud : le voyant se fait voyou, et explore les profondeurs de la création poétique. Le poète devient une figure moderne d'Orphée, parti aux enfers pour une saison, dans le but d'y découvrir « la clef du festin ancien », de parvenir à inventer la couleur des voyelles, à noter l'inexprimable, à fixer des vertiges. Cette recherche ne peut s'effectuer qu'au prix d'un sacrifice du poète, et ainsi Rimbaud, notamment dans le poème « Nuit de l'enfer », nous raconte-t-il comment il a dû avaler une « fameuse gorgée de poison », devenir un damné, pour réussir à trouver la langue poétique, nouvelle langue de feu d'un anti-catéchisme, une langue qui dira le réel tel qu'il est dans un verbe accessible à tous.

« Adieu » est le dernier texte d'*Une saison en enfer* ; il dresse le bilan de cette expérience orphique à la recherche du verbe originel. Il succède à « Matin », poème de la « faiblesse actuelle », dont surgissent ces mots :

> Je ne sais plus parler !
> Pourtant, aujourd'hui, je crois avoir fini la relation de mon enfer.

Le silence du poète n'est qu'une figure de style, et raconter l'enfer ne s'apparente pas à une parenthèse cauchemardesque. Notre texte nous prouve que Rimbaud a survécu à son voyage métaphorique dans l'enfer de la création, et nous met en présence d'un réel transfiguré par le nouveau moi poétique de l'auteur, d'un présent infusé de passé mythique. Si Orphée n'avait pas le droit de se retourner sur Eurydice avant d'avoir rejoint le rivage et la lumière, Rimbaud, quant à lui, se livre ici à l'exercice délicat de faire survivre le souvenir de l'enfer dans sa nouvelle lecture du monde.

Le bilan poétique d' « Adieu » peut nous amener à lire le poème selon trois aspects : d'abord, il est le lieu d'un voyage dans le temps et l'imaginaire, qui fait s'interpénétrer l'enfer et le réel ; cet adieu à l'enfer présente également le « combat spirituel » pour la conquête du moi poétique ; et enfin, le texte cultive le paradoxe, et affirme que la poésie est un échec transformé en victoire d'une radicalité moderne.

Deux mouvements se succèdent dans ce texte, et ce de part et d'autre du blanc : c'est premièrement un récit poétique de l'expérience du sacrifice et de l'échec ; ensuite apparaît l'heure éternellement nouvelle de la création poétique à travers le thème du combat.

1. Le récit d'un martyre.

Ce premier moment est marqué par une fragmentation du discours, propre à l'hallucination poétique qu'a recherchée Rimbaud tout au long du recueil. Il est scandé par des phrases exclamatives, qui ressemblent à un court refrain, et marquent le retour d'un certain ton élégiaque, parfois modalisé par des variantes ironiques : « Et je redoute l'hiver parce que c'est la saison du confort ! » ou « Moi ! moi qui me suis dit mage ou ange, dispensé de toute morale, je suis rendu au sol, avec un devoir à chercher, et la réalité rugueuse à étreindre ! » ; mais exprimant à la fin du premier moment l'élégie pure et l'angoisse d'une question : « Mais pas une main amie ! et où puiser le secours ? »

Le premier discours confronte au soupir du regret « L'automne déjà ! » un démenti immédiat, mis en relief par la présence du tiret, signe dans l'écriture rimbaldienne du retournement soudain, du jaillissement poétique incontrôlé. Le regret devient engagement, recherche de la « clarté divine », meilleure que l' « éternel soleil ». Cette quête implique la nécessité d'une solitude, d'un isolement du reste des hommes, ceux qui « meurent sur les saisons ». Le tiret cette fois est le symbole typographique de l'ascèse poétique. Mais le pronom personnel « nous », repris par la suite dans le texte, exprime par ailleurs que cette ascèse crée une communauté d'élus, poète et lecteurs.

Après cette ouverture, le deuxième paragraphe dessine un poème en prose à la fois narratif et imagé. La « barque », écho du « Bateau ivre », s'élève vers le ciel certes, mais un ciel « taché de feu et de boue ». Il n'est pas question de résurrection par le verbe, mais plutôt d'un voyage initiatique, d'une crucifixion inévitable. Le poète n'est pas mort, il dit : « J'aurais pu y mourir. » Il a vécu une saison auprès d' « inconnus » inhumains « sans âge » et « sans sentiment », a enduré l'horreur physique d'être rongé par les vers, mais jamais il n'a perdu la faculté de voir, et c'est la vision poétique qui lui permet ici de rappeler à sa mémoire son expérience infernale : « Je me revois encore... ».

À ce rappel du voyage en enfer succède, après le premier refrain, l'évocation au présent d'immédiateté le hors-temps des visions rimbaldiennes : « Quelquefois je vois au ciel des plages sans fin couvertes de blanches nations en joie. » Le je victime d'une damnation et d'une torture corporelle devient le créateur d'un ordre nouveau, d'un monde harmonieux de correspondances où le blanc est couleur de la joie, où les plages et les vaisseaux sont dans le ciel. Ce résultat est le fruit de l'action du je poétique, qui a « créé toutes les fêtes, tous les triomphes, tous les drames ». Le rythme ternaire de la phrase établit avec certitude cette harmonie d'une surnature poétisée. Mais elle n'est que provisoire ; dès la phrase suivante, le poète indique la dimension illusoire de son itinéraire créateur, avec des expressions telles que « J'ai essayé d'inventer » ou « J'ai cru acquérir ». La progression descendante du paragraphe aboutit au constat d'échec final : « Eh bien ! je dois enterrer mon imagination et mes souvenirs ! Une belle gloire d'artiste et de conteur emportée ! » Cette mise au tombeau métaphorique inscrit l'échec au centre de la démarche poétique. Il s'agit à présent de relater une expérience ; ses étapes symboliques, sans en exclure l'échec, et non plus de livrer un produit poétique fini : l'échec devient un thème et un ton modernes, ce qui implique la présence constante du moi poétique, comme puissance d'ironisation au cœur du lyrisme. Le constat de l'échec est une nouvelle forme d' « art poétique » : ce sont l' « imagination » et les « souvenirs » qui sont mis au tombeau, alors que le poète moderne utilisera l'expérience perpétuellement actuelle de la vision en même temps que celle de l'écriture. Le poète ne vise plus à être un « artiste » ou un « conteur », mais un martyr et un témoin. Cela nous permet de passer de la barque au « Bateau ivre », à bord duquel Rimbaud expose sa théorie du sacrifice :

J'aurais voulu montrer aux enfants ces dorades
Du flot bleu, ces poissons d'or, ces poissons chantants.
Des écumes de fleurs ont bercé mes dérades
Et d'ineffables vents m'ont ailé par instants.

Parfois, martyr lassé des pôles et des zones,
La mer dont le sanglot faisait mon roulis doux
Montait vers moi ses fleurs d'ombre aux ventouses jaunes
Et je restais, ainsi qu'une femme à genoux.

D'un je capable de dire, d'amener au langage l'horreur d'une vie de mort, et victorieux dans sa démarche de créer un univers surnaturel, nous voilà revenus au je sacrifié et enterré. Ce renversement se traduit par le retour dans un dernier temps sur les thèmes évoqués tout au long d'*Une saison en enfer*. L'expression « dispensé de toute morale » évoque le refus des enseignements du catéchisme des premiers textes du recueil : dans « Mauvais sang », Rimbaud écrit qu'il a gardé de ses ancêtres les Gaulois « l'idolâtrie et l'amour du sacrilège » ainsi que « tous les vices ». Dans le même texte, le poète affirme vouloir s'affranchir de ce « siècle à mains », où « la main à plume vaut la main à charrue ». Or le voilà « rendu au sol », devenu paysan. Il est condamné à « étreindre » la « réalité rugueuse », à consommer une union qui le dégoûte. La charité, dont il disait dans le premier texte qu'elle était cette fameuse « clef du festin ancien », devient ici sœur de la mort. Le poète a découvert le secret du réel, et pense devoir payer cette découverte de sa vie, tel un nouveau Prométhée ayant volé aux dieux païens le feu du verbe sacré.

Si la voix poétique semble faire repentance et demander dans l'impératif « allons » un retour à cette vie « rugueuse », la dernière exclamation : « Mais pas une main amie ! et où puiser le secours ? » clôt ce premier sur l'angoisse de la solitude du poète, perdu dans un monde de vérité et de mensonge confondus.

2. La vision poétique, présent éternel du combat.

Au doute et à l'angoisse de la fin du premier mouvement s'oppose à présent l'affirmation d'une « heure nouvelle » pour le poète. Cette nouvelle heure se caractérise selon trois modalités : la victoire dans un « combat spirituel », la modernité absolue comme arme et influx, et enfin la solitude positivée de la dernière strophe.

Le « Oui » symbolise les deux aspects de la recherche rimbaldienne : il est l'adhésion solennelle à la modernité, en même temps que l'expression de la concession. Le poète admet dans ce cas la sévérité de cette heure nouvelle, et commente la solitude du dernier paragraphe ; ce qui fait de « au moins » une litote pudique. Mais le premier sens de ce « Oui » polysémique demeure, dans la deuxième phrase : l'adhésion est expliquée logiquement, « Car », par la victoire du poète. Et à la solitude du dernier paragraphe s'oppose la communauté de « Recevons tous les influx de vigueur et de tendresse réelle ». Par la forme impérative, la voix poétique s'exprime avec énergie, en même temps qu'elle assume une certaine responsabilité éthique. Le « oui » surdéterminé est le mot poétique qui ouvre le texte et prédétermine la série des ordres à l'impératif ou à la forme impersonnelle : « Il faut être absolument moderne. »

La victoire est acquise dans le processus de l'oubli : les souvenirs sont mis au tombeau car ils « s'effacent », la pluralité des moments passés se modère dans la modernité singulière. Cette strophe de perte de la mémoire est encadrée par deux maximes, deux affirmations de la position radicale du poète nouveau-né, et au « oui » répond l'adverbe « absolument ». Il signifie en effet la volonté de couper les liens avec la tradition littéraire, de procéder à une rupture salvatrice. C'est ce sacrifice de la mémoire et de l'appartenance à une communauté que doit effectuer le poète, voilà son « combat spirituel ».

Ce combat est matérialisé par un pronom personnel, « ma face », et par l'inscription de la bataille dans l'espace, avec

« derrière moi ». Mais la bataille est aussi le moyen d'une nouvelle déréalisation poétique, puisque le passage du présent au passé composé déclenche un retour dans le temps. Le poème en prose n'est donc pas le lieu d'une narration, mais bien d'un chant lyrique, nouveau langage religieux au moment où les cantiques sont bannis.

L'adverbe « Cependant » introduit non une concession, mais une juxtaposition de deux événements. C'est pendant le combat que doivent être reçus les « influx ». La vigueur et la tendresse ne sont pas celles du « sang séché », d'une violence qui contamine l'atmosphère jusqu'à rendre « horrible » l'arbrisseau ; elles correspondent à la justice dont seul Dieu a la vision dans cette dure nuit. Dieu voit avant le poète, et l'arme d'une « ardente patience », l'alliance de l'expression reprenant le thème de l'aurore à la fois sanglante et lumineuse, connotée dans le même temps négativement et positivement. C'est l'armée du poète qui se retrouve « ardente », ce qui montre que la contamination fonctionne des hommes à la nature et inversement. Le baptême du verbe « Recevons » a fait du moi poétique toute une armée au service d'une certaine vérité.

Mais le dernier paragraphe réaffirme la solitude créatrice, et le je s'impose. Plus de « main amie », mais une récompense sévère : l'abandon des mensonges esthétiques de l'amour, d'un passé devenu enfer de l'expérience poétique. Pour « posséder la vérité », il faut laisser fuir la beauté. Cette dernière affirmation prophétique au futur rejoint les premiers mots d'*Une saison en enfer* :

> Un soir, j'ai assis la Beauté sur mes genoux. Et je l'ai trouvée amère. Et je l'ai injuriée.

La vérité n'est plus l'objet d'une contemplation, d'une vision : elle est possédée, comme on possède une femme, mais aussi comme on possède le monde lorsque la voix poétique permet d'y créer des rapports de correspondances à l'instar de cet extrait d'« Alchimie du Verbe » :

> Je m'habituai à l'hallucination simple : je voyais très franchement une mosquée à la place d'une usine, une école de tambours

> faite par des anges, des calèches sur les routes du ciel, un salon au fond d'un lac ; un titre de vaudeville dressait des épouvantes devant moi.

L' « hallucination simple » du poème correspond à cette faculté de voir au-delà du réel qui se donne. Il ne s'agit pas d'imaginer, puisque Rimbaud dit lui-même avoir enterré son imagination ; le travail poétique consiste à créer des analogies là où le réel ne fournit que la fragmentation des expériences. La solitude du poète est le symbole de la singularité recherchée dans son itinéraire. Le mot poétique, ce mot de la fin, doit résumer le langage tout entier. Cet « Adieu » marque la séparation d'avec le recueil qui se termine, mais le futur de la dernière ligne semble indiquer une continuité de l'expérience poétique, à travers les *Illuminations* à venir. L'adieu n'est pas le dernier mot de Rimbaud, qui constitue son échec en victoire définitive sur le réel décevant. La modernité poétique se veut le remède à un déchirement de la pensée en une multitude de visions, ainsi que le dit Rimbaud dans une lettre à Paul Demeny, l'une de celles dites « du Voyant » :

> Cette langue sera de l'âme pour l'âme, résumant tout, parfums, sons, couleurs, de la pensée accrochant la pensée et tirant.

Et, si la langue poétique n'est que cette perpétuelle recherche, ce temps du futur inaccessible, du moins est-elle le lieu des alchimies les plus délicieuses.

15

Éluard, Capitale de la douleur

« Ta bouche aux lèvres d'or... ».

Ta bouche aux lèvres d'or n'est pas en moi pour rire
Et tes mots d'auréole ont un sens si parfait
Que dans mes nuits d'années, de jeunesse et de mort
J'entends vibrer ta voix dans tous les bruits du monde.

Dans cette aube de soie où végète le froid
La luxure en péril regrette le sommeil,
Dans les mains du soleil tous les corps qui s'éveillent
Grelottent à l'idée de retrouver leur cœur.

Souvenirs de bois vert, brouillard où je m'enfonce
J'ai refermé les yeux sur moi, je suis à toi,
Toute ma vie t'écoute et je ne peux détruire
Les terribles loisirs que ton amour me crée.

L'amour la poésie (1929) : titre miraculeux qui condense le parti pris poétique de Paul Éluard C'est de ce rapport étroit entre le sentiment amoureux et la création poétique que naît le lyrisme propre au poète, si caractéristique de son œuvre, si fascinant aussi dans sa simplicité : une capacité à s'exprimer dans la chair de la femme aimée, une prise de parole bien à l'abri, lové dans le miroir que lui tendent ces « Yeux fertiles », sources de toute vision du monde et de soi. L'intériorité n'est alors possible chez Éluard que par le biais de ce regard qui fertilise non seulement l'épaisseur des signes mais aussi le vécu d'une intériorité, dans le rêve d'une transparence, cette « Évidence poétique » si caractéristique de la poétique éluardienne :

Elle est debout sur mes paupières
Et ses cheveux sont dans les miens,
Elle a la forme de mes mains,
Elle a la couleur de mes yeux,
Elle s'engloutit dans mon ombre,
Comme une pierre sur le ciel.

« Mourir de ne pas mourir », *Capitale de la douleur.*

Symbiose écrite dans le rêve d'une unité perdue, à jamais retrouvée et reconstruite dans chaque fragment de vie transcrit sur la page, le poète se projette dans le corps de l'amante pour mieux se retrouver face à lui, « rire, pleurer et rire, / Parler sans avoir rien à dire ». De Gala, première inspiratrice, à Nusch, puis à Dominique, la compagne des dernières années, la féminité hante l'univers Éluard, omniprésente :

Lorsque nous nous regardons
Toi la limpide et moi l'obscur
Voir est partout souffle et désir

Créent le premier le dernier songe.

« Rosaces », *Le livre ouvert,* II.

Pour autant, cette dépendance existentielle tant affirmée et louée n'est pas exempte de risques : témoins les expériences successives de la séparation et de la perte, de la mort de l'être aimé, cette femme « inspirante et inspirée », selon André Breton, le frère d'armes en poésie comme en politique *(Nadja),* dont l'amitié ne s'est pas démentie. Privé de ce regard conçu comme naissance à soi et aux autres, il ne reste plus au poète dépossédé de soi et du monde qu'à « Mourir de ne pas mourir ». Ce sont les cruelles expériences de l'éloignement de Gala, de la mort de Nush :

Vingt-huit novembre mil neuf cent quarante six
Nous ne vieillirons pas ensemble
          Voici le jour
                    En trop : le temps déborde.
Mon amour si léger prend le poids d'un supplice.

Le temps déborde.

Ainsi dans *Capitale de la douleur* (1926), dont le titre porte les stigmates d'une rupture douloureuse : la poésie est ici métropole de la douleur, elle donne à la douleur sa majuscule, son acmé, et la transcende par l'écriture même. Dans un mouvement spécifique à toute littérature, le recueil dit la séparation d'avec la femme aimée, Gala. Rencontrée en 1912 dans un sanatorium, en pleine adolescence, la jeune Russe est pour Éluard le premier amour, le premier choc poétique aussi, sans doute. Dans la tourmente du surréalisme naissant, Gala se trouve peu à peu étouffée ; le mouvement l'éloigne de son mari de plus en plus happé par André Breton et les siens. Le couple se reforme pourtant, couple scandaleux pour l'époque, autour de Max Ernst, le peintre génial qu'Éluard avait rencontré en 1921. Mais le ménage à trois se fissure à nouveau : c'est la célèbre fuite du poète en 1924, qui le mène aux confins de l'Orient, où Gala et Max finissent par le rejoindre.

De cette expérience douloureuse de la perte et de la réunion témoigne la dernière section du recueil, « Nouveaux poèmes », dédiée à Gala. Poèmes de retrouvailles, ils disent « l'amour sans limite » (*Le livre ouvert,* I) d'Éluard pour sa femme, dans une exaltation qui n'est cependant pas exempte d'angoisse, comme en témoigne ce poème, « Ta bouche aux lèvres d'or », qui unit certes les amants dans une fusion singulière, mais dit aussi l'angoisse de la séparation, le nécessaire deuil de l'amour. Trois quatrains d'alexandrins, qui confirment la tendance unifiante et classicisante d'Éluard, même si la rime est absente, disent le rapport singulier et ambigu qui unit les deux amants : le rapport entre le « je » et le « tu » dessine un couple largement recomposé par l'écriture même qui le constitue, hymne à la femme aimée, inexistante peut-être.

1. Premier quatrain : une fertilité amoureuse ambiguë.

D'emblée, le premier quatrain instaure un rapport singulier entre le poète et la femme aimée, en convoquant les deux instances amoureuses : le « tu » et le « moi ». Le premier hémistiche s'adresse au « tu » et le convoque dans le temps de l'énonciation, métamorphose la femme aimée évoquée ici par synecdoque (la bouche pour la femme) en idole : bouche de la sagesse qui rappelle la pythie, elle fait entendre sa voix dans le quatrième vers, donne à la fois au poète la vérité et la réalité du monde. L'isotopie de la fertilité amoureuse est ainsi développée dès l'ouverture du poème. Pour autant, cette présence amoureuse n'est pas exempte d'ambiguïté : la bouche de l'amoureuse est dans le poète, et ses mots vont doubler les siens ; si le je et le tu sont réunis, la négation du premier vers et la syllepse sur le syntagme « pour rire » confèrent à cette fusion une ambiguïté connotative : cette présence n'exclue-t-elle pas le « rire », donc la joie ?

L'ensemble du premier quatrain repose donc sur l'ambivalence des sentiments qui animent le poète ainsi lié à la femme aimée de manière singulière : cette fusion pourrait bien être à la fois la marque d'un amour sans limite et d'un enfermement du « je » dans la prison de cette voix féminine. Le poète est en effet en position d'objet de la femme, ce que marque la syntaxe de cette première phrase, qui s'étend sur l'ensemble du premier quatrain. Rappel de la poésie galante qu'Éluard connaissait bien (il a publié une anthologie de la poésie du passé), le « je » est ici le disciple de Gala : la bouche parle en effet un langage sacré, ses mots sont ceux d'une sainte ou d'une déesse dont le « je » est le dévot ; signe de perfection et de sainteté, ces mots évoquent la dimension sacrée, quasi religieuse du langage proféré par cette bouche statufiée (« lèvres d'or »). En outre, le complément du nom « d'auréole » connote la perfection de la figure circulaire où les mots reçoivent un sens achevé, plein et vrai, et rappelle l'importance du cercle dans la poétique éluardienne :

> La courbe de tes yeux fait le tour de mon cœur
> Un rond de danse et de douceur.

Ainsi le langage employé par la femme aimée est-il marqué par les sèmes de la perfection, où essence et existence coïncident, comme dans les exégèses bibliques des mystiques du Moyen Âge : l'adjectif « parfait » engendre ici une proposition subordonnée consécutive, il constitue l'apodose d'une cadence équilibrée (deux vers pour la protase, deux vers pour l'apodose) : la femme est l'image même de la perfection dans la vérité d'une essence pleine et entière. L'apodose semble conduire l'admiration du poète-objet à son point culminant, dans la mesure où la bouche accompagne tout le cours de la vie du « je », ce que met en valeur l'allitération en [n] entre les deux lexèmes « jeunesse », « années » au vers 3. La voix est alors source de toutes les perceptions auditives (vers quatre) de même qu'elle est dans le « je » à chaque moment de son existence. Circularité là encore, dans un encerclement du « je » par le « tu », la voix dit le monde qu'elle habite pour le poète ; la réalité extérieure du monde n'existe que par elle. Le monde est ainsi fertilisé par la voix de la femme aimée, qui occupe une position de médiatrice.

Le couple est donc constitué au moment où se dit le pouvoir du « tu » et son harmonie toute féminine : la voix de la femme aimée fertilise le chant poétique.

2. Deuxième quatrain : malaise et disparition élocutoire.

La tonalité du deuxième quatrain tranche singulièrement avec celui qui précède : ici, l'absence de la voix féminine donne à cette strophe une couleur toute différente. Point d'instance élocutoire, mais cette « disparition élocutoire » du poète et de l'aimée n'est pas, comme chez Mallarmé, synonyme de conquête poétique sur la blancheur spéculaire de la page, bien au contraire : l'imagination passe par une poétique de l'image mise en relief par la « signifiance » de la contradiction (voir Michael Riffaterre, *Sémiotique de la poésie*). Bien davantage encore, l'universalité du propos semble dissoudre le couple dans la douleur d'un sentiment capital, sensible à tous.

Certes, le quatrain s'ouvre sur l'image de l'aube, une naissance qui est toute douceur : le premier hémistiche semble marquer la renaissance d'un plaisir discrètement érotique, par le sème de la douceur (la « soie », qui rappelle peut-être les draps). Mais le second hémistiche est connoté négativement, et contamine cette aube de douceur par la rime léonine en [oi] qui associe la « soie » et le « froid ». Ici, plus de mouvement du regard et de la voix fertile, mais une immobilité frigide qui dissout les promesses de l'aube dans un matin d'hiver tout intérieur, image sans doute d'une mort à soi-même et au monde, image de la perte de l'aimée. La vibration de la voix, rappelée par la même assonance en [oi], qui lie les deux quatrains s'oppose ici à l'absence de toute instance susceptible d'animer cette vie figée dans le froid. Première contradiction donc, que cette aube qui n'ouvre que sur une vie végétative et mourante, image du poète privé de toute intériorité au profit d'une vie mourante. Les vers 6 à 8 développent cette vision toute statique et morbide : la relation érotique à autrui est ici vécue sous l'angle de la perte, du péril et du regret. Regret du corps perdu, ou plus encore « luxure », c'est-à-dire vice, inhérente à toute relation charnelle ? Ici, l'excès de volupté devient effectivement vice : le corps peut bien, semble-t-il, assouvir pleinement ses désirs, mais ce faisant, il se détache de son « cœur » (vers 8) : cette fracture au sein de la relation amoureuse dit alors la contradiction d'une satisfaction teintée de regret, inapte à satisfaire l'intériorité sentimentale. Ainsi se développe la signifiance de la contradiction : le « soleil » ne réchauffe pas ; il rappelle l'aube du vers 5, mais fait écho par la rime batelée au « sommeil ». Image d'une nuit désirée, il est associé de manière contradictoire au « froid » par le verbe « grelottent ». Aube et soleil ne renvoient de manière contradictoire qu'au froid d'un hiver intérieur qui dit la dissolution du corps.

Que signifie alors cette contradiction qui habite cette strophe et la structure jusque dans la rime (l'assonance en [eil] et l'allitération en [s]) entre « sommeil » et « s'éveillent » ?

> Mais tu n'as pas toujours été avec moi. Ma mémoire
> Est encore obscurcie de t'avoir vu venir
> Et partir. Le temps se sert de mots comme l'amour.
>
> « Ta chevelure d'oranges », *Capitale de la douleur.*

L'absence de l'aimée, sans doute, si l'on rapproche cette obscurité frigide du soleil de l'obscurcissement du monde en l'absence du « tu ». Pour autant, le « je » n'est pas présent non plus dans ce quatrain, qui prend une dimension universelle, dit la souffrance qui semble inscrite pour le poète au cœur du sentiment amoureux. « Mémoire », c'est-à-dire souvenir du temps où l'amante s'était éloignée, si l'on s'en tient à la biographie d'Éluard, les deux premiers quatrains diraient alors dans un mouvement inversé le retour puis le départ de l'amante. Plus encore, cette seconde strophe semble frapper d'inanité la première, la contaminer de manière réflexive, par cette inversion temporelle qui nie le mouvement du retour, et constitue le moment négatif d'une dialectique amoureuse dans l'universalisation qui est une dissolution, dans la perte qui est le corollaire de la présence. Écho douloureux d'une expérience personnelle, elle inscrit la perte de l'être aimé dans sa présence même, et annonce alors la rupture définitive entre Éluard et Gala, qui aura effectivement lieu en 1930.

Si l'on applique la méthode herméneutique de Riffaterre à ce quatrain, force est de constater la rupture du sens dans la contradiction permanente que le soleil et le froid désignent. L'opération de signifiance, décelable par la contradiction même, permet néanmoins de reconstruire le sens des deux premiers quatrains autour du sème de l'irréalité, du rêve : le réveil grelottant pourrait bien être en effet réveil – dans la cohérence temporelle que construit l'agencement strophique du poème – d'un songe : l'aube frappe alors d'inexistence l'ensemble du premier quatrain, qui ne serait que le rêve de la femme perdue. Lire le premier quatrain comme un rêve dont s'éveille le poète dans le deuxième quatrain amène une résolution de cette contradiction relevée. Soleil et froid dessinent un paysage désolé, hivernal, celui d'un désenchantement. La « nuit » du vers 3 serait alors celle du sommeil propice à la construction d'une rêverie sur la présence retrouvée du « tu ». Le poète n'est plus inscrit au cœur du corps de l'aimée, mais dans les « mains du soleil », au cœur de cette solitude, image d'une vie mourante. Le titre de la section précédente de *Capitale de la douleur,* « Mourir de ne pas mourir », se trouve alors une nouvelle fois illustré.

3. Troisième quatrain : synthèse et acceptation de la contradiction.

Ce deuxième quatrain ne semble constituer, néanmoins, que le moment négatif dans un processus d'écriture dialectique qui structure le poème : ici, une synthèse semble pouvoir s'établir, elle naît de la négativité même, ou plus précisément de son acceptation. Si « le temps se sert de mots comme l'amour », l'écriture dit alors cette dialectique amoureuse reproduite dans la structure strophique du poème.

Le « je » du premier quatrain réapparaît en effet, en position de sujet cette fois, il semble se récupérer, renaître dans l'évocation même de la négativité, ce que marque le verbe « m'enfonce ». Le souvenir et le brouillard sont peut-être alors ceux de la perdition, mais évoquent aussi la jeunesse et la vie passée du poète, rappellent le vers 3. Le « bois vert » peut en effet être compris comme la métaphore de la jeunesse, de la « verdeur » qui symbolise traditionnellement l'adolescence, celle de la rencontre entre Éluard et Gala ici. Cette dernière strophe définit alors l'état intérieur de l'amant par des sèmes opposés : ce « je » qui se redit évoque aussi la tentation du sommeil propre au deuxième quatrain, ce retour au rêve comme exutoire à la souffrance (« j'ai refermé les yeux sur moi », vers 10). Mais c'est en se retirant du monde extérieur déserté par l'amante que le poète peut se retrouver, c'est-à-dire retourner à la voix intérieure qui est celle de la femme aimée. Cette absence au monde est la condition d'un retour au premier quatrain, le couple se reforme dans le vers 10. Le rejet interne « sur moi » marque ces retrouvailles en rapprochant le « je » et le « tu » Ici, c'est dans le repli fœtal du couple que l'amour devient possible à nouveau. Renonciation au monde, offrande totale de soi dans cette fusion retrouvée, ce repli n'est pas exempt pour autant d'ambiguïtés : la réponse du « tu » à cette « écoute » n'est pas donnée et marque sans doute l'acceptation de la femme telle qu'elle est, l'impossibilité d'une plénitude dans l'expansion mutuelle. Cette écoute fait écho au premier hémistiche du vers 4, avec l'emploi du sème de l'ouïe et l'indéfini « tout », globalisant.

Ce passage du « je » au « tu », dans un échange des catégories prédicatives, marque à la fois une activité du « je » et une dilution dans l'appartenance totale et inconditionnelle au « tu ». Là encore, le sème de la contradiction est prégnant dans ces retrouvailles ambiguës : la forme négative du second hémistiche du vers 11 est redoublée par l'emploi d'un verbe négatif, « détruire ». La négativité est ici reconnue et acceptée comme constituante du couple, fragile dans cette tension entre perte et retour, dilution et construction. De plus, l'oxymore « terribles loisirs » qui clôt le poème, lié par la rime batelée (détruire / terribles loisirs) à cette destruction évoquée, marque une dernière fois cette ambiguïté propre à la poétique de l'image développée dans ce poème.

Conclusion.

Poème des retrouvailles fragiles, dans l'acceptation de la contradiction propre au sentiment amoureux, la poétique éluardienne développe une rêverie sur l'impossible transparence, l'impossible fusion du couple amoureux. Reste toujours l'opacité d'un péril inscrit au cœur de l'amour : la perte de l'être aimé, source de toute vie, de toute vision de l'altérité et du monde. Rêve d'un syncrétisme dans l'immédiateté fœtale d'un retour qui rythme les saisons de la vie, la fragilité de l'amour vécu est toutefois bien la condition de toute écriture poétique pour Éluard : dire la contradiction, c'est sans doute vivre la fragilité de l'amour, l'abolir aussi dans l'espace du langage et de la page. L'amour porté à la femme est en effet ici inscrit dans l'écriture même du poème. Clôture sur le sème de la création (vers 12) et recréation d'une femme idéale dans le corps du texte sont alors inséparables. L'amour assumé est bien fertile, mais ne peut conduire à aucune admiration simple et béate de l'amante.

Où se trouve la véritable Gala dans ce poème ? Du côté de l'absence froide ou de la présence fusionnelle ? Sans doute une fois encore dans l'espace poétique même, qui la crée à son tour. À la fois prophétesse et traîtresse à l'amour, la femme est alors dans la poétique surréaliste l'objet d'une admiration pour la contradiction fertile qu'elle illustre :

> Qui est la vraie Nadja, de celle qui m'assure avoir erré toute une nuit, en compagnie d'un archéologue, dans la forêt de Fontainebleau, à la recherche de je ne sais quels vestiges de pierre que, se dira-t-on, il était bien temps de découvrir pendant le jour – mais si c'était la passion de cet homme ! – je veux dire de la créature toujours inspirée et inspirante qui n'aimait qu'être dans la rue, pour elle seul champ d'expérience valable, dans la rue, à portée d'interrogation de tout être humain lancé sur une grande chimère, ou (pourquoi ne pas le reconnaître ?) de celle qui *tombait,* parfois, parce qu'enfin d'autres s'étaient crus autorisés à lui adresser la parole, n'avaient su voir en elle que la plus pauvre des femmes et de toute la plus mal défendue ?

André Breton, *Nadja.*

16

Francis Ponge, Le Parti pris des choses

« Le pain ».

La surface du pain est merveilleuse d'abord à cause de cette impression quasi panoramique qu'elle donne : comme si l'on avait à sa disposition sous la main les Alpes, le Taurus ou la Cordillère des Andes.

Ainsi donc une masse amorphe en train d'éructer fut glissée pour nous dans le four stellaire, où durcissant elle s'est façonnée en vallées, crêtes, ondulations, crevasses... Et tous ces plans dès lors si nettement articulés, ces dalles minces où la lumière avec application couche ses feux – sans un regard pour la mollesse ignoble sous-jacente.

Ce lâche et froid sous-sol que l'on nomme la mie a son tissu pareil à celui des éponges : feuilles ou fleurs y sont comme des sœurs siamoises soudées par tous les coudes à la fois. Lorsque le pain rassit ces fleurs fanent et se rétrécissent : elles se détachent alors les unes les autres, et la masse en devient friable...

Mais brisons-la : car le pain doit être dans notre bouche moins objet de respect que de consommation.

Francis Ponge est tout entier habité par une « rage de l'expression », un désir de redonner aux objets les plus courants (le cageot, le pain...) leur pleine force poétique. Investir la poétique d'objets prosaïques, tel est le parti pris du poète : un « Parti pris des choses ». Pour autant, il ne s'agit pas d'une simple attitude passive du poète par rapport au monde, qui se donnerait dans l'immédiateté de sa concrétude. La sphère du sensible, présente dans l'engagement du regard poétique porté sur le monde, engage en effet le langage, à chaque saisie des phénomènes. Pas de pure phénoménologie contemplative chez Ponge, mais une volonté de travailler l' « épaisseur vertigineuse du langage » ; on ne peut saisir le monde qu'au travers des signes langagiers qu'il nous renvoie. Au poète alors de saisir la chose décrite dans la totalité des signes qu'elle offre, saisie active car elle suppose un travail sur la matière langagière, tant il est vrai qu'elle constitue le seul mode possible d'appréhender l'objet dans sa totalité, ce que Ponge appelle la « chose totale ». Vertige du langage alors, auquel le poète confère le pouvoir de réinventer le monde dans son épaisseur signifiante. Ce travail sur les mots peut ainsi s'appliquer à tout objet, aussi bien à la danseuse, figure poétique dans son expressivité qui force la nature, qu'au pain, objet nutritionnel le plus courant qui soit, banal et éculé. « Fort souvent il m'arrive, écrivant, d'avoir l'impression que chacune des expressions que je profère n'est qu'une tentative, une approximation, une ébauche ; ou encore que je travaille *parmi* ou *à travers* le dictionnaire un peu à la façon d'une taupe, rejetant à droite ou à gauche les mots, les expressions, me frayant un chemin à travers eux, malgré eux. » Faire œuvre poétique, c'est en effet se battre avec mais aussi contre le langage, aller contre la pente naturelle de la langue, pour inventer dans la matérialité verbale (re)conquise une manière de voir, une vision du monde portée par l'étrangeté radicale de l'expression.

Contempler le monde, c'est d'abord faire place pour Ponge au sentiment de plénitude heureuse qui l'étreint : « Les objets, les paysages, les événements, les personnes du monde extérieur me donnent beaucoup d'agrément... Ils emportent ma conviction. Du seul fait qu'ils n'en ont nullement besoin. Leur présence, leurs évidences concrètes, leur épaisseur, leurs trois dimensions, leur côté palpable, indubitable, leur existence dont je suis beaucoup plus certain que de la mienne propre, tout cela est ma seule raison d'être, à proprement parler mon prétexte » *(Le Grand Recueil, Méthodes)*. Face à cette certitude objectale, que peut la poésie ? La question qui hante Ponge est alors celle de l'utilité d'une telle description : l'objet posé dans le monde extérieur semble se suffire à lui-même, rejeter dans la contemplation gratuite le regard subjectif fasciné par cette épaisseur immédiate des signes. C'est tout le sens de la démarche poétique de Francis Ponge qui est ici engagé : transformer par l'écriture l'objet en « objeu » : faire éclater dans le travail du langage l'opacité et la solitude de l'objet, le métamorphoser en souplesse expressive, pour mieux introduire le langage dans l'objet alors poreux aux signes : « au terme de son exercice, l'objet y sera devenu, tout en gardant son poids d'objet, quelque chose de poreux à la sensibilité et à l'esprit : moins un *objet* à vrai dire que, selon le mot de Ponge, un *objeu* » (Jean-Pierre Richard, *Onze études sur la poésie moderne*). L'objet est ainsi langage, et le langage objet.

Dès lors faut-il pour le poète unir la simplicité première de la saisie objectale à la diffraction surprenante d'une évidence poétique renouvelée :

> C'est de plain-pied que je voudrais qu'on entre dans ce que j'écris. Qu'on s'y trouve à l'aise. Qu'on y trouve tout simple. Qu'on y circule aisément, comme dans une révélation, soit, mais aussi simple que l'habitude. Qu'on y bénéficie du climat de l'évidence, de sa lumière, température, de son harmonie.
>
> ... Et cependant que tout y soit neuf, inouï : uniment éclairé, un nouveau matin.
>
> Beaucoup de paroles simples n'ont pas été dites encore.
>
> Le plus simple n'a pas été dit.
>
> *Le Grand Recueil, Méthodes.*

Cette simplicité inouïe est celle d'une perception de l'objet, ici le pain, dans un travail qui vise à montrer la chose et à nous la présenter comme si le scripteur la voyait pour la première fois. Désapprendre l'ensemble des connotations liées au pain, notamment religieuses et symboliques, c'est revenir à une (ap)préhension première de l'objet, première et nouvelle. Dès lors, l'objet est inséparable du parti pris poétique de Ponge, dans ses enjeux et ses échecs.

1. Une vue extérieure de l'objet pain.

La première strophe du texte présente le pain sous son aspect le plus extérieur : il s'agit de redonner à l'objet évoqué cette origine première que l'habitude et l'usage pratiques nous empêchent de saisir. Ainsi Richard affirme-t-il que « la surface [...] le sollicite, parce qu'il lui paraît plus facile de découvrir en elle des débuts de modulation [...] et donc, pour le regard avide, quelque point où s'attacher, peut-être s'insérer » *(op. cit.)*. C'est donc provoquer la mise en évidence, en grossissant artificiellement la forme de l'objet regardé.

Ainsi l'objet nous est-il donné dans une première saisie grossissante, comme vu à travers le prisme d'une loupe ; première, comme l'indique l'adverbe « d'abord », qu'il faut ici prendre au double sens de « en l'abordant » et « dans un premier temps ». Manière toute logique d'appréhender le pain que la logique renforce encore (« d'abord », « à cause de »). Première donnée aussi car le scripteur introduit ici une métaphore qu'il n'aura de cesse de filer dans la suite du poème : la surface du pain est comparée au relief d'une chaîne montagneuse. Le procédé métaphorique suffit déjà à dévoiler cette première initiative du poète face à la chose : en prendre possession, ce n'est pas seulement la décrire, mais en produire un équivalent dans le langage poétique. Le trope métaphorique, désignant la poéticité, permet de motiver ici cette prise de parole augurale. Ainsi, l'adjectif « merveilleuse » détourne l'objet de son usage habituel, le désigne comme mystère, résorbé aussitôt par la métaphore qui rend compte, dans la langue, de la surface. La croûte du pain peut ainsi être embrassée dans de vastes perspectives, elle peut être appréhendée dans son ensemble, ce que souligne la dérivation lexicale factice entre « pain » et *« panoramique »,* qui rappelle de manière ludique l'étymologie latine du mot. Le pain devient dans l'espace du poème paysage, c'est-à-dire chaîne de montagnes, comme dans les jardins miniatures japonais. La réduction de l'espace va de pair avec la vision « panoramique ». Le poète peut alors s'adonner à une rêverie sur la toute-puissance du langage, qui fait signe vers le cratylisme du langage : il s'agit dans la comparaison introduite par l'adverbe « comme » de se rendre maître de l'objet, le conquérir dans cet autre espace. Le scripteur insiste sur ce phénomène de saisie métaphorique avec le syntagme « à sa disposition sous la main » : il s'agit de dominer ce merveilleux relief, par une triple référence aux montagnes : le choix des chaînes n'est lui-même pas gratuit, car il introduit trois connotations qui seront filées dans la suite du poème : la hauteur pour les Alpes, le caractère calcaire pour le Taurus, et le caractère volcanique pour les Andes. Ainsi, dans la deuxième strophe la référence aux « vallées, crêtes, ondulations, crevasses » (ligne 7) est-elle motivée par avance. De même, le caractère friable du pain évoqué aux lignes 13 à 15 est déjà « préparé » par le sème du calcaire, pierre friable par excellence. Ainsi, par ce tressage serré de métaphores savamment orchestrées, le poète acquiert-il le « droit » de parler du pain, tant en parler, c'est déjà s'en rendre maître, l'avoir sous la main. Référence au caractère démiurgique du poète créateur du monde ? La question reste en suspens à ce stade, mais l'évocation de la naissance de l'objet dans la deuxième strophe donne déjà une première réponse.

2. Naissance du pain.

Après cette attaque par la surface, Ponge passe en effet sans transition à l'évocation de la naissance de l'objet : l'effet de rupture est néanmoins compensé par l'adverbe « ainsi », qui signifie ici sans doute « de même » Dans cette strophe, le pain semble doué de vie, il est donc personnifié, ou plus précisément associé à la vie de la terre et du cosmos. Naissance que marquent les glissements temporels entre le présent du premier paragraphe, le passé simple puis le passé composé du deuxième paragraphe. Le poète rappelle ici l'activité du boulanger, fabriquant le pain : la « masse amorphe » évoque la pâte que le boulanger pétrit, et le « four stellaire » la cuisson. Mais, à cette image du pain en cuisson, Ponge superpose une autre image, plus hardie : la fabrication du pain est comparée à la création de la terre.

La croûte du pain est en effet comparée à la croûte terrestre, dans la poursuite de la métaphore exprimée dans la première strophe. Dès lors, la « masse amorphe » peut renvoyer à un magma originel, alors que le verbe « éructer », c'est-à-dire vomir, rappelle le lexique du volcan en fusion, celui du feu, et renvoie aux Andes de la ligne 4. Se développe alors une équivalence systématique entre naissance du pain et naissance de la terre : le feu, le ciel (le « four stellaire » renvoie aux étoiles), la lave qui durcit (« durcissant »)... autant de sèmes à double entente. Par ailleurs, une gradation dans cette équivalence conduit de la comparaison (« comme ») à une métaphore, c'est-à-dire à la fusion entre comparant et comparé. Dès lors, les deux strophes se justifient mutuellement, motivant l'arbitraire du signe, ou tout au moins celui de l'isotopie choisie : le « Ainsi » de la ligne 5 prend alors son sens logique dans ce processus d'association toujours plus étroite entre le pain et le monde. Le langage poétique, ici les tropes, recréent l'objet, dans l'espace du langage, comme monde en réduction, microcosme.

En effet, si le pain nous est donné par la métaphore de la croûte terrestre en formation, le signifiant contribue aussi à compléter l'impression donnée par l'objet : associées à la liquide, les occlusives de « crêtes » et « crevasses » rendent sensibles par leur sonorité la dure irrégularité du pain en sa superficie. Ces sonorités « rugueuses » se maintiennent dans la phrase suivante. Cette dureté de la surface du pain est en effet sans cesse accusée dans la suite du paragraphe : les allitérations des dentales et la poursuite de la métaphore creuse toujours le rapport singulier aux mots et aux choses. Le lexème « plans » rappelle la géographie terrestre d'une carte, alors que la « dalle » évoque la minéralité d'un bloc difficile à franchir.

Plus encore, la forme du pain est promue pleinement au rang d'œuvre d'art dans la fin de cette strophe : l'isotopie de la création artistique et de l'art s'affiche ici, notamment avec les termes (« plan », « façonnée », « articulés »), alors que la « dalle », par sa minceur, pourrait bien renvoyer à la feuille de papier. De même, le jeu de la lumière sur la surface du pain, évoqué aux lignes 8 et 9, fait signe vers l'œuvre d'art :

> Une fois, si les objets perdent pour vous leur goût, observez alors, de parti pris, les insidieuses modifications apportées à leur surface par les sensationnels événements de la lumière et du vent..., ces continuels frémissements de nappes, ces vibrations, ces buées, ces haleines, ces jeux de souffles, de pets légers.
>
> *Le Grand Recueil, Pièces.*

Ici, nous avons presque l'évocation d'une nature morte, dans le jeu du clair-obscur évoqué, mais l'objet décrit et saisi n'est pas immobile. Reste en lui le grand jeu des forces des montagnes, qu'évoque l'acuité des sonorités en [i], et le sème du feu, mouvant telle la lave. Ainsi, les mots recèlent et décèlent, dans leur plurivocité, cet écho des forces telluriques et cosmiques.

Une fois la surface du pain érigée et constituée en objet d'art dans cette motivation du langage, Ponge introduit une ligne de fracture essentielle à la ligne 9, entre surface et profondeur, entre la croûte dure et craquante d'une part, et la mie molle et élastique d'autre part. Cette opposition lui permet de « rebondir » en quelque sorte, de prolonger la plongée au cœur de l'objet, sans cesse approfondi et mieux saisi. Le tiret qui sépare les deux propositions imite dans l'espace textuel la structure même du pain, dans un mimétisme arraché à l'objectivation. En effet, la rupture syntaxique « imite » le passage abrupt de la croûte à la mie : l'évocation de la régularité anguleuse de la croûte s'interrompt, la phrase reste suspendue à ce tiret qui déchire la surface du pain et de la page, dans une opposition entre intérieur et extérieur vue comme opposition entre la rugosité et la mollesse, entre connotations positives (le lexique « précieux » de la lumière, avec « couche », « application », « feux ») et dépréciatives (« ignobles », c'est-à-dire non noble), jusque dans le vocabulaire employé. Après l'évocation d'une naissance cosmique du pain, le poète passe de l'autre côté : succèdent à l'emphase la dépréciation, le mépris (« sans un regard »).

3. À l'intérieur du pain.

Dans la troisième strophe, Ponge relance donc le mouvement de conquête de l'objet « pain », par l'opposition systématique entre les connotations de la croûte et celles de la mie, du point de vue du signifié, mais aussi par l'opposition du point de vue du signifiant. La croûte, nous l'avons vu, est associée à la force des montagnes, à la chaleur du feu, à la lumière et au crépuscule. L'extérieur du pain est alors marqué par l'isotopie de la variété des qualités qui lui sont conférées. Au contraire, la mie est douée d'une vie végétale, les « feuilles ou fleurs », ou animale, les « éponges », associée à l'obscurité, au froid, à l'humidité (« ce lâche et froid sous-sol »). Les signifiants s'opposent de même : la croûte est décrite au moyen d'occlusives, qui miment la dureté craquante de celle-ci. Au contraire, lors de l'évocation de la mie, les fricatives et les sifflantes se multiplient pour mieux marquer l'élasticité spongieuse de la mie. La même opposition se retrouve au niveau du rythme, entre la phrase suspensive de la ligne 10 et la longue phrase qui se déroule des lignes 11 à 13, d'autant plus que, lorsque la mie durcit, le rythme redevient plus haché, aux lignes 13 à 15.

L'évocation de la mie est ainsi l'occasion d'un changement radical dans le mode d'écriture et dans les images développées : le lexique de la profondeur, profondeur distendue, donc « lâche » (ligne 11), fait écho au lexème « mollesse » de la ligne 9. Pour autant, l'évocation de la mie demeure plutôt positive dans la comparaison entre intérieur du pain et vie animale (l'éponge, animal marin, mais aussi l'objet qui peut sécher, rassir en quelque sorte), ou la vie végétale. Rien d' « ignoble » ici, mais la suite de cette description contredit cette impression : les « sœurs siamoises » sont bien, à proprement parler, ignobles, d'autant que les sonorités (allitérations en [s]) accentuent l'impression de soudure, tandis que l'assonance en [ou] rend compte de cette vie secrète et monstrueuse du pain.

Ponge termine cette évocation de la vie du pain et de la plongée en son cœur par l'analyse de son devenir : rassir, c'est pour le pain se dessécher, durcir, dans un devenir comparable à celui des végétaux. Le retour aux connotations et aux métaphores initiales est alors possible, dans ce mouvement de durcissement de la mie : la « masse » fait écho à la ligne 5, le caractère « friable » au calcaire du Taurus. Le réseau métaphorique de la première strophe resurgit ici, enserre la mie tout comme la surface du pain l'enveloppe.

Ce retour à l'état connotatif et métaphorique initial marque la fin d'un cycle, de la création à la disparition dans l'émiettement, que les points de suspension de la ligne 15 indiquent et reproduisent. Le poème-objet se brise, tout comme le pain, plus souvent consommé que laissé à l'abandon, réduit en miettes : tout comme l'objet pain placé fictivement face au poète est brisé quand celui-ci décide de le manger, le poème se brise. « Brisons-la », c'est à la fois rompre le pain et interrompre le poème (brisons *là*). Pour autant, y a-t-il brisure dans le poème ? Il semble que non, car le pain en tant qu'objet de « consommation » est présent dans tout le texte : « éructe [r] », c'est roter, « four » connote la bouche, « dalle » remotive l'expression familière « j'ai la dalle ». Ainsi, le syntagme « dans notre bouche » est-il préparé par l'ensemble du poème.

Conclusion.

Francis Ponge nous offre donc dans ce poème un pain qui apparaît comme un monde en réduction, une petite planète, tout comme dans « L'huître » :

> L'huître, de la grosseur d'un galet moyen, est d'une apparence plus rugueuse, d'une couleur moins unie, brillamment blanchâtre. C'est un monde opiniâtrement clos. Pourtant on peut l'ouvrir ; il faut alors la tenir au creux d'un torchon, se servir d'un couteau ébréché et peu franc, s'y reprendre plusieurs fois. Les doigts curieux s'y coupent, s'y cassent les ongles : c'est un travail grossier. Les coups qu'on lui porte marquent son enveloppe de ronds blancs, d'une sorte de halos.
>
> À l'intérieur l'on trouve tout un monde, à boire et à manger : sous un *firmament* (à proprement parler) de nacre, les cieux d'en

dessus s'affaissent sur les cieux d'en dessous, pour ne plus former qu'une mare, un sachet visqueux et verdâtre, qui flue et reflue à l'odeur et à la vue, frangé d'une dentelle noirâtre sur les bords.

Parfois très rare une formule perle à leur gosier de nacre, d'où l'on trouve aussitôt à s'orner.

Le Parti pris des choses.

Comme l'huître, monde en réduction qui peut receler en son sein un hypothétique trésor, le pain est avant tout un aliment : Ponge refuse donc le symbolisme conventionnel du pain comme hostie, corps du Christ rompu durant l'Élévation dans le rituel catholique. Ce faisant, il redonne à l'objet évoqué une densité comparable dans le corps du poème à celle présente dans l'objet même. Le pain objet de consommation est toujours présent en filigrane derrière les métaphores qui visent à le saisir et le transposer, le transformer en « proême ». La dimension réflexive de l'activité poétique est alors discrètement évoquée : cette brisure est peut-être la marque même que Ponge assigne à son entreprise poétique, la marque que les mots mêmes impriment à telle entreprise : un parti pris des choses, supérieur au parti pris du langage ?

Troisième partie

Dissertations

17

Poésie et interprétation

Sujet

Saint-John Perse (1887-1975) dit à propos de la poésie : « L'obscurité qu'on lui reproche ne tient pas à sa nature propre, qui est d'éclairer, mais à la nuit même qu'elle explore et qu'elle se doit d'explorer : celle de l'âme elle-même et du mystère où baigne l'être humain » (« Allocution au Banquet Nobel du 10 décembre 1960 », Éditions Gallimard, « La Pléiade », 1972, p. 445-446).

En vous appuyant sur l'analyse d'exemples précis, vous direz dans quelle mesure vous partagez cette conception de la poésie.

L'antinomie entre la prose et la poésie n'est pas nouvelle : pour le « profane », il y a loin de la « marche » à la « danse », du réel concret (« Ici-bas est maître », écrivait Mallarmé) à ces « grands trous bleus que font méchamment les oiseaux ». D'où le plus souvent l'incompréhension généralisée, et son corollaire, le reproche d'hermétisme. De fait, le procès en obscurité fait à la poésie remonte loin, et Boileau n'était pas le dernier à se gausser des poètes baroques de son temps :

> Avant donc que d'écrire, apprenez à penser ![...]
> Selon que votre idée est plus ou moins obscure,

L'expression la suit, ou moins nette ou plus pure.
Ce qui se conçoit bien s'énonce clairement
Et les mots pour le dire arrivent aisément.

Les accusations n'ont cessé de se multiplier ensuite, les poétiques modernes se faisant de plus en plus hermétiques, Mallarmé et quelques autres allant jusqu'à revendiquer cette conception hautaine de la poésie. Ce qui ne manquera pas d'entraîner certaines dérives, que Valéry aura beau jeu alors de condamner en ironisant sur « ceux qui se font de la poésie une idée si vague qu'ils prennent ce vague pour l'idée même de la poésie ». Contre ce réquisitoire persistant, Saint-John Perse profite de la tribune que lui offre son prix Nobel pour lancer un vibrant plaidoyer, dans un système binaire à forte visée persuasive : « L'obscurité qu'on lui reproche ne tient pas à sa nature propre, qui est d'éclairer, mais à la nuit même qu'elle explore et qu'elle se doit d'explorer : celle de l'âme elle-même et du mystère où baigne l'être humain. »

Déjà, dans le recueil *Amers,* notre poète se plaignait de l'incompréhension dont, à travers lui, la poésie était victime : « Ils m'ont appelé l'obscur et mon propos était de mer... » Il s'agit en effet de lever un malentendu : pas question de pratiquer de l'obscurité pour l'obscurité, semble nous dire Perse, répondant au vulgaire découragé qui repousse des vers incompréhensibles en murmurant cette réminiscence hugolienne : « Et nox facta est... » *Fiat lux* ! Se développe ainsi tout un réseau métaphorique du clair-obscur, aboutissant à la thèse centrale : la nature propre, c'est-à-dire la fonction, de la poésie est d'être source de lumière. Réponse du berger à la bergère, qui déplace la cause de l'obscurité de la poésie à son objet : l'obscurité ne venant pas du flambeau lui-même, mais de l'espace nocturne à explorer. À travers la modalisation du verbe « devoir » et la répétition du verbe « explorer », c'est, devant l'aréopage de savants qui l'écoutent, à une véritable exigence éthique qu'en appelle le poète, affirmant haut et fort la haute mission de la poésie, à savoir l'investigation du monde. Reste à se demander pourquoi cette exigence est menacée par l'obscurité. Qui dit obscurité dit défaut de communication. Pour parler en termes jakobsoniens, disons que la difficulté dans la transmission du message (signifiant) tiendrait à l'obscurité du référent (signifié) que l'émetteur (le poète) pourtant s'efforcerait de rendre plus clair au récepteur (le lecteur). L'implicite d'une telle conception de la poésie est le suivant : alors même que Saint-John Perse semble parler de la poésie en général, il vise une tradition poétique bien précise : la poésie du signifié, dans laquelle le poète se fait *vates,* mage, voyant, et affiche ses prétentions métaphysiques.

Il s'agira donc, dans un premier temps, de se demander pourquoi cette tradition poétique se trouve menacée par l'obscurité. Mais ne peut-on lui opposer une conception plus humble de la poésie, plus soucieuse du signifiant, du matériau langagier, et partant plus lumineuse ? C'est ce que nous examinerons dans un second temps. Cependant, peut-être serait-ce alors oublier que la poésie, quel que soit son objet, est une quête et une enquête – quête d'un autre langage, qui ne saurait être clair... En filigrane, derrière toutes ces questions, ce sont donc les limites de la poésie dans sa capacité à communiquer qui seront envisagées.

Pour comprendre la thèse de Perse, il nous faut partir de cette haute conception de la poésie qui sous-tend son propos, et se demander pourquoi et en quoi elle est menacée d'hermétisme.

Soulignons d'emblée que l'exploration est son domaine, ainsi que le révèle la répétition insistante du terme « explorer » ; elle souligne ainsi le caractère dynamique de cette poésie, qui est une poésie de l'allant, de l'action, celle d'un Rimbaud – celui du « Bateau ivre », celui qui écrit que « la poésie ne rythmera plus l'action, elle sera en avant » –, celle d'un Baudelaire sorcier s'écriant :

> Nous voulons, tant ce feu nous brûle le cerveau,
> Plonger au fond du gouffre – Enfer ou Ciel, qu'importe ?
> Au fond de l'Inconnu, pour trouver du Nouveau !

« Le voyage », *Les Fleurs du mal.*

Tradition orphique de la poésie comme chant, *carmen,* descente aux enfers, où le poète, investi d'une mission quasi divine, est celui qui éclaire, porte le flambeau de la connaissance, « celui qui inspire, bien plus que celui qui est inspiré » (Éluard). Plongeurs d'inconnu, voleurs de feu, voyants, nouveaux Prométhées qui voudraient « sortir des Nombres et des Êtres » (Baudelaire), artistes qui « de leur javelot piquent dans le but de mystique nature » (id.), demi-déments qui ont « deux fois vainqueur[s] traversé l'Achéron » (Nerval, « El Desdichado », *Les Chimères*), la plupart des poètes de la modernité sont d'accord pour considérer leur aventure comme le forcement de mystérieux secrets que, parfois malgré eux, il leur faut déchiffrer. Ils deviennent alors le Moïse de Vigny qui parle à Dieu face à face, ou le pâtre promontoire qui guide le troupeau humain, et fait s'écrier à Hugo :

> Peuples ! Écoutez le poète !
> Écoutez le rêveur sacré ! [...]
> Car la poésie est l'étoile
> Qui mène à Dieu rois et pasteurs.

Dans cette tradition, le poète est transgresseur (au sens propre), il est à l'avant-garde du savoir, tel un Apollinaire apôtre du futurisme, ou un René Char (« Tu as bien fait de partir, Arthur Rimbaud ! » ; « À chaque effondrement des preuves le poète répond par une salve d'avenir », dans *Partage formel*). Ainsi, Saint-John Perse vise donc moins un lyrisme individuel, que la grande tradition du lyrisme collectif et métaphysique, dont les terrains d'exploration privilégiés sont la mort, Dieu, l'Inconscient (les Surréalistes), « Au bord de l'Infini » ou « Ce que dit la bouche d'ombre » (Hugo). Ou encore les contradictions irréductibles de l'âme humaine et du désir, qu'explore René Char dans « Le poème pulvérisé » :

> Né de l'appel du devenir et de l'angoisse de la rétention, le poème, s'élevant de son puits de boue et d'étoiles, témoignera presque silencieusement, qu'il n'était rien en lui qui n'existât vraiment ailleurs, dans ce rebelle et solitaire monde des contradictions.

Dans cette (en-)quête, le poète est chargé d'une fonction d'éclaireur. C'est lui qui apporte la lumière, et la profession de foi à laquelle se livre Perse dans *Vents* (1946) va en ce sens :

> Et le Poète aussi est avec nous, sur la chaussée des hommes de son temps. Allant le train de notre temps, allant le train de ce grand vent. Son occupation parmi nous : mise en clair des messages. Et la réponse en lui donnée par illumination du cœur.

Ainsi, Perse est l'héritier d'un long héritage humaniste venant des Lumières, qui fait du poète l'égal du scientifique, le veilleur, celui qui reste éveillé quand le monde dort (« Tribunaux de midi, je veille » écrit René Char dans « Biens égaux », *Le poème pulvérisé*). Dans cette optique, la poésie est connaissance :

> Poésie ! ô trésor ! perle de la pensée !
> Ô toi ! des vrais penseurs impérissable amour !
> Comment se garderaient les profondes pensées,
> Sans rassembler leurs feux dans ton diamant pur
> Qui conserve si bien leurs splendeurs condensées ?

écrit Vigny dans « La maison du berger ». Il souligne ainsi le lien direct, de cause à effet, entre la mission de la poésie et sa forme, souvent obscure. Mais la question se pose alors de savoir comment le poète va rapporter ses visions, ses illuminations... C'est l'analyse hugolienne du poète-mage dans le livre VI des *Contemplations* (« Au bord de l'infini ») :

> Ces hommes, ce sont les poëtes ;
> Ceux dont l'aile monte et descend ;
> Toutes les bouches inquiètes
> Qu'ouvre le verbe frémissant.

Le latinisme de « inquiètes », au sens de « qui ne reste pas en repos », est révélateur. Toutefois, s'il est vrai que le poète voit, et qu'il veut éclairer, pourquoi sa poésie reste-t-elle obscure selon Saint-John Perse ?

C'est qu'il ne dispose, pour dire ses visions, que du langage. Trouver une langue... Au besoin l'inventer : tout est là, c'est l'unique question. Car le langage ordinaire, « l'universel reportage » comme l'appelle Mallarmé, est à l'évidence inadapté. Écoutons Rimbaud nous parler de sa quête qu'il appelle (et appelle de ses vœux) « Alchimie du Verbe » : « Le poète devra faire sentir, palper, écouter ses inventions... Trouver une langue résumant tout, parfums, sons, couleurs... » Cette alchimie, que Baudelaire nomme sorcellerie évocatoire (« Tu m'as donné ta boue, et j'en ai fait de l'or »), cette expression, « non moins exigeante que celle de la science » (Saint-John Perse), s'est longtemps contentée d'être une rhétorique seconde (jusqu'à la fin du XIXe siècle, pour simplifier), les audaces étant bridées par des codes sémantiques et/ou rythmiques (le « majestueux » alexandrin...) ainsi que par l'exigence d'un vocabulaire noble. Le poème devait par ailleurs rester soumis à l'exigence de la logique, et si les images n'étaient pas proscrites, la comparaison était préférée à la métaphore pour son lien explicite entre le comparant et le comparé : « Grands bois, vous m'effrayez comme des cathédrales » (Baudelaire). Une telle langue poétique a le mérite d'être claire, mais elle trouve vite ses limites. C'est la critique que l'on pourrait faire au Hugo des *Contemplations* – critique que Valéry ne se prive pas de faire dans ses *Carnets* ; certes, il a « disloqué ce grand niais d'alexandrin », et a étendu le champ du vocabulaire « poétique » :

> Plus de mot sénateur ! Plus de mot roturier ! [...]
> J'ai, contre le mot noble à la longue rapière
> Insurgé le vocable immonde, son valet [...]
> J'ai dit à la narine : Eh mais ! tu n'es qu'un nez !
> J'ai dit au long fruit d'or : Mais tu n'es qu'une poire !
>
> « Réponse à un acte d'accusation », *Les Contemplations.*

mais, si obscurs que soient les gouffres qu'il explore, il conserve une langue plus ou moins limpide, qui de fait se teinte d'une certitude métaphysique plus grande que celle qu'il éprouvait... Pour parler en termes rimbaldiens, il a donné à l'informe de ses visions plus de forme qu'elles n'en avaient ; enfermé dans les codes de son époque – qu'il contribua d'ailleurs à ébranler – il n'a pas su trouver une langue à la mesure de ses visions, tournant en rond dans la langue française comme un tigre en cage, et faisant rimer à l'infini

« ombre » et « sombre »... (même si la « Bouche d'ombre » laisse entrevoir une modernité plus obscure que les poèmes intimistes de « Pauca meae »). En effet, il faut attendre la « crise de vers », que Mallarmé situe après la mort du « Géant » (Hugo), pour que la poésie s'affranchisse de l'alexandrin et développe une nouvelle conception de l'image qui fonde la modernité poétique. Comme l'écrit Aragon dans *Le Paysan de Paris,* « l'emploi déréglé et passionnel du stupéfiant image » tend à devenir le signe distinctif de la poésie moderne. C'est dans le *Premier Manifeste du surréalisme* qu'André Breton propose une définition de l'image comme « création pure de l'esprit », reprenant en cela la définition que Pierre Reverdy propose :

> Elle [l'image] ne peut naître d'une comparaison mais du rapprochement de deux réalités éloignées.
>
> Plus les rapports des deux réalités rapprochées seront lointains et justes, plus l'image sera forte – plus elle aura de puissance émotive et de réalité poétique.
>
> Reverdy, *Le Gant de crin.*

Le comparé tend également à disparaître, au profit du seul comparant, ce qui ouvre une voie royale à l'imagination, qui cherche désormais le degré d'arbitraire le plus élevé dans le rapprochement de deux réalités... Aussi la poésie moderne est-elle toujours menacée par la difficulté de compréhension dénommée obscurité – quand elle n'en fait pas, comme Mallarmé, la condition *sine qua non* de la poéticité ! Ce chantre de l'hermétisme, qui considère « l'art pour tous » comme une « hérésie littéraire », ne craint pas d'avancer que « toute chose sacrée et qui veut demeurer sacrée s'enveloppe de mystère », et préconise « des formules hiératiques dont l'étude aride aveugle le profane ». Provocation peut-être, caricature certainement (dont se moquait déjà Baudelaire dans sa nouvelle *La Fanfarlo,* où il faisait dire ironiquement à son héros, poète et cuistre : « Il nous est impossible de parler le langage des autres hommes. Ils vivent pour vivre, et nous – hélas ! – nous vivons pour savoir. Tout le mystère est là »). Mais provocation et caricature signifiantes, et hautement révélatrices d'un changement de cap plus qu'assumé, revendiqué, par les poètes de la modernité.

Saint-John Perse ne récuse pas tout ceci ; il se contente d'en analyser les causes. Ce qui, en termes linguistiques, pourrait s'énoncer comme suit : à référent obscur, code obscur.

Mais la poésie ne peut-elle avoir d'autres objets, moins ambitieux, plus humbles ? Ne peut-elle naviguer sur des eaux plus transparentes, loin des gouffres métaphysiques ?

Penchons-nous donc, à l'inverse, sur une poésie plus claire, celle des poètes-artisans. N'est-elle pas riche, elle aussi, de perspectives authentiquement, et hautement, poétiques ?

À la charnière des XVIe et XVIIe siècles, un Malherbe par exemple développa une conception du poète comme simple artisan du langage, « excellent arrangeur de syllabes », ni plus ni moins utile à la société qu'un « bon joueur de quille ». Loin des poètes voyants, et même des poètes de la Pléiade, Boileau salue en lui l'avènement de la poésie classique, autrement dit de la « vraie poésie » :

> Enfin Malherbe vint, et le premier en France
> Fit sentir dans ses vers une juste cadence,
> D'un mot mis en sa place enseigna le pouvoir,
> Et réduisit la Muse aux règles du devoir [...]
> Marchez donc sur ses pas, aimez sa pureté
> Et de son tour heureux, imitez la clarté.
>
> « Art poétique ».

Bien plus tard, Francis Ponge s'inscrira dans cette lignée du poète-signifiant, travaillant artisanalement sur le matériau des mots : « Malherbe sait que les sciences en général et la poésie en particulier ne valent pas grand-chose. Quelque chose du moins. » Quoi donc ? Cette « épaisseur du langage », qu'il faut travailler dans une « rage de l'expression », pour sortir du « manège ennuyeux des sentiments, des idées, des théories ». Loin donc des mystères de l'homme, l'objet de la poésie devient bien plus simple – en apparence : ce sont « les choses »...

Examinons alors ce rejet de la métaphysique et de la psychologie, au profit de l'exploration des choses : Francis Ponge sera notre guide. Dans « Introduction au galet » *(Proèmes)*, il note :

> Il est tout de même à plusieurs points de vue insupportable de penser dans quel infime manège depuis des siècles tournent les paroles, l'esprit, enfin la réalité de l'homme. Il suffit pour s'en rendre compte de fixer son attention sur le premier objet venu : on s'apercevra aussitôt que personne ne l'a jamais observé, et qu'à son propos les choses les plus élémentaires restent à dire.

Épaisseur des choses, épaisseur des mots... C'est ainsi que Ponge nous convie à regarder attentivement cette huître de nos menus de fête (« À l'intérieur l'on trouve tout un monde... »). Ce « monde opiniâtrement clos » devient métaphore de l'entreprise poétique, qui travaille avec les mots, comme l'on travaille une huître pour l'ouvrir, pour y trouver – même si cela arrive rarement – la « perle ». Ainsi, par son exploration du monde muet que constituent les choses, Ponge retrouve une tout autre conception de la poésie, à la fois plus humble et plus profonde : car il n'entend pas représenter (au sens d'un trompe-l'œil) l'objet désigné comme motif, mais en offrir un équivalent verbal, présenter (rendre présent) dans l'univers langagier quelque chose d'homologue. Pour ce faire, il conçoit donc ses poèmes comme autant de « définitions-descriptions » destinées à offrir une connaissance intime et neuve de l'objet élu en changeant le rapport du lecteur au langage par « pétrissage » et « primordial irrespect des mots ». Ce projet, qui s'éloigne radicalement de toute tentation « pahteuse » et se déclare violemment antilyrique, n'en est pas moins ambitieux, tout en conservant une lumineuse simplicité...

Mais peut-on vraiment parler alors de poésie moins obscure ? Certes, à un premier niveau, descriptif, la poésie de Ponge est plus claire que celle de Perse : « un sachet visqueux et verdâtre », tel se présente l'intérieur de l'huître. Seulement, s'en tenir à ce niveau descriptif a-t-il un quelconque intérêt ? Une photographie vaudrait mieux ! Il faut donc parvenir à un second niveau de lecture, et analyser la correspondance entre le microcosme de l'huître et le macrocosme du monde : dans l'une comme dans l'autre, on peut se blesser... mais aussi, avec de la patience, l'ouvrir, du moins l'entrebâiller ; on y découvre alors une étrange complexité... C'est ainsi que l'on est passé insensiblement de l'huître à la métaphysique. Ponge lâchera d'ailleurs cette confidence significative : « Au fond, je ne m'occupe que de la mort. »

Ainsi, Saint-John Perse se trompe-t-il sans doute quand il fait porter l'hermétisme de la poésie sur son seul référent. Ne peut-on avancer que l'inaptitude du langage poétique à la clarté est plus profonde, et tient, pour reprendre ses propres termes de façon détournée, à sa nature même ?

Car la poésie est par essence une langue différente, qui ne saurait être claire.

Tout d'abord, parce que la quête poétique est une remise en cause de la clarté indigente du langage courant, et cette différenciation fonde en grande partie sa définition. Le poète – s'il est poète – est précisément celui qui ne se satisfait pas de l'« universel reportage » déjà évoqué, ni du « numéraire facile et représentatif » (Mallarmé) que constitue le langage ordinaire, avec ses signes dont la clarté est directement proportionnelle à l'indigence. Dans « Rhétorique » (in *Proêmes*), Ponge évoque cette quête primordiale, cette tentative de créer un langage à soi, comme une entreprise vitale :

> Je suppose qu'il s'agit de sauver quelques jeunes hommes du suicide et quelques autres de l'entrée aux flics ou aux pompiers. Je pense à ceux qui se suicident par dégoût, parce qu'ils trouvent que « les autres » ont trop de part en eux-mêmes.
>
> On peut leur dire : donnez tout au moins la parole à la minorité de vous-même. Soyez poètes. Ils répondront : mais c'est là, surtout, c'est là encore que je sens les autres en moi-même, lorsque je cherche à m'exprimer je n'y parviens pas. Les paroles sont toutes faites et s'expriment : elles ne m'expriment point. Là encore, j'étouffe.

C'est alors qu'enseigner l'art de résister aux paroles devient utile, l'art de ne dire que ce que l'on veut dire, l'art de les violenter et de les soumettre. Somme toute fonder une rhétorique, ou plutôt apprendre à chacun l'art de fonder sa propre rhétorique, est une œuvre de salut public.

Qu'apporte donc cette rhétorique, cette recherche vitale ? À quoi sert-elle enfin ? À « faire avancer l'esprit, et à proprement parler changer la face des choses », nous dit Ponge. Ainsi, comme Rimbaud avant lui (« On a tort de dire : je parle ; on devrait dire : on me parle. Ça parle à travers moi... »), il souligne en tant que poète l'inlassable combat contre l'arbitraire et la pauvreté du signe. Il s'agit donc de réunir signifiant et signifié, de les enrichir mutuellement, en quête de cette « langue parfaite des dieux »... Parole toujours oblique (comme le surnom de l'Apollon de Delphes). Mallarmé explique ainsi que « le vers, qui de plusieurs vocables refait un mot neuf, total, étranger à la langue et comme incantatoire, achève du même coup cet isolement de la parole – niant, d'un trait souverain, le hasard demeurer aux termes » *(Crise de vers)*. Du même coup, il devient inévitablement difficile à déchiffrer pour le lecteur, tout surpris de « n'avoir ouï jamais tel fragment d'élocution ». Dès lors, cette véritable esthétique de la surprise devient prégnante dans la modernité poétique. Un poème extrêmement déroutant, comme « Jacquemard et Julia » de René Char par exemple, en est l'illustration. Notons enfin que Mallarmé, dans la citation ci-dessus, parle bien d' « ouïr » : il souligne ainsi que le plaisir poétique est affaire d'oreille – plaisir tout musical du signifiant...

Ainsi dans ce sonnet :

Une dentelle s'abolit
Dans le doute du jeu suprême
À n'entr'ouvrir comme un blasphème
Qu'absence éternelle de lit

Cet unanime blanc conflit
D'une guirlande avec la même
Enfui contre la vitre blême
Flotte plus qu'il n'ensevelit.

Mais, chez qui du rêve se dore
Tristement dort une mandore
Au creux néant musicien

Telle que vers quelque fenêtre
Selon nul ventre que le sien
Filial on aurait pu naître.

Le sens du poème demeure incertain à la première lecture, si bien que « lire, c'est toujours relire », selon le mot de Cocteau. L'abolition du référent, dès le premier vers, ouvre l'espace d'une recomposition poétique de la dentelle dans le corps même du texte, finement ouvragé, comme « Sainte » était ciselé, à l'image du vitrail. Indécision entretenue jusqu'à la fin du sonnet : une possibilité de naissance au monde est bien évoquée, mais de manière hypothétique. La négation « nul » au vers 13 renforce encore l'ambiguïté et le jeu sur l'absence de l'objet, volatilisé dans sa légèreté. Ne reste qu'un reflet de la dentelle, reflet tout musical, qui illustre cette musique du silence si chère à Mallarmé : « reprendre à la musique son bien », c'est transposer la sonorité des notes en sonorité des mots : les phonèmes sont portée musicale, dans les allitérations, assonances, qui tissent un réseau phonique extrêmement dense et léger à la fois.

Car on en arrive à un point, où le plaisir musical du signifiant, du Verbe, est somme toute indifférent à la notion d'obscurité. La face matérielle du langage poétique ne relève pas de l'intellection, ne peut être jugée à l'aune des catégories de clarté ou d'obscurité. Le signifiant, en tant que signifiant, échappe à cette exigence. Mais elle peut (et doit) être jugée à l'aune de la musique. À cet égard, l'enfant est le poète entre tous, car il découvre le langage. De même ne comprend-il pas forcément les comptines qu'on lui récite, mais il se laisse bercer par le plaisir musical, rythmique et rimique. Dans cette optique, le non-sens est devenu l'un des recours privilégié de la poésie moderne, témoin Prévert :

L'amiral Larima
Larima quoi
la rime à rien
l'amiral Larima
l'amiral Rien.

Paroles.

À part peut-être un léger antimilitarisme, ce poème ne veut rien dire. Même chose pour ce « Pantoum » négligé de Verlaine, tiré de *Jadis et naguère* :

Trois petits pâtés, ma chemise brûle.
Monsieur le curé n'aime pas les os.
Ma cousine est blonde, elle a nom Ursule,
Que n'émigrons-nous vers les Palaiseaux !

Ma cousine est blonde, elle a nom Ursule,
On dirait d'un cher glaïeul sur les eaux.
Vivent le muguet et la campanule !
Dodo, l'enfant do, chantez, doux fuseaux...

Ces deux poèmes ont en commun de refuser la signification. Littéralement, ils ne veulent rien dire. Ou, plus exactement, ils mettent leur sens ailleurs que dans la signification. La poésie même la plus ludique « ne veut pas ne pas rien dire » (Rimbaud), mais ces poèmes prennent sens de ce refus même de la signification : ils disent qu'il ne faut pas prendre au sérieux la prétention de la langue à rendre compte du monde. C'est en ce sens que Sartre définissait les poètes comme « des hommes qui refusent d'utiliser le langage ». Où la poésie devient révolutionnaire... Ainsi, les exégèses les plus savantes s'interrogent encore sur ce que signifient les « Sept épées » d'Apollinaire, dans « La Chanson du Mal Aimé » *(Alcools)*, qui pourtant constitue un chef-d'œuvre, un sommet de poésie. « La première est toute d'argent... » Toutes les hypothèses ont été faites, y compris les plus phallique ! Mais n'importe : l'important réside dans les réseaux de sonorités : voyelles liquides, nasales douces... Musique qui correspond à l'harmonie terrible et douloureuse d'un regret, d'un manque, comme le laisse présager l'adjectif « sanglant », qui dit la menace de mort... (cette épée est peut-être le reflet de cette femme qui l'a quitté...). Mais, au fond, est-ce si important ? Ne sommes-nous pas comme des enfants, sensibles au plaisir justement sensible de la poésie ? Néanmoins, si l'on pousse cette logique au bout, pourquoi ne pas écouter de la musique, de l'opéra, comme Valéry en avait la tentation ? Les « lettristes », tel Isidore Isou, et le peu de succès et d'avenir qu'ils rencontrèrent avec leur tentative d'une poésie faite uniquement de sons et de rythmes sans queue ni tête sont là pour nous rappeler qu'on ne peut réduire absolument la poésie à son seul signifiant : l'obscurité continue donc malgré tout à être une menace pour elle.

Saint-John Perse a donc raison de poser la question de l'obscurité en poésie. L'explication qu'il en donne a le grand mérite de développer une conception généreuse de son art, qu'il met au service de la connaissance et des questionnements métaphysiques... Mais elle n'est pas sans défauts : et le fait de présenter comme unique poésie digne de ce nom la grande poésie métaphysique n'est pas le moindre d'entre eux. Dans cette poétique, le poète, nouveau Prométhée, est « voleur de feu » (Rimbaud). Et certes, une telle poésie, puisqu'elle touche à l'indicible, ne saurait être claire. Plus troublant est le fait que même une poésie plus humble (celle d'un Ponge, d'un Malherbe, d'un La Fontaine) débouche invariablement sur le mystère du langage, sur sa polysémie fondamentale, qui empêche de lire le poème à un niveau univoque. C'est que l'obscurité de la poésie tient en effet à sa nature propre : à savoir l'ambition d'un autre langage, qui se veut plus proche des hommes, et du monde. L'innocent paradis d'un Boileau croyant à la clarté de la langue poétique est définitivement perdu. Les mots ne sont pas les choses : et c'est le rapport même de l'homme au langage qui se fait nuit à explorer. Obscurité et clarté sont des notions qui deviennent caduques, dès lors que l'on considère que le langage poétique est de tout autre ordre que le langage ordinaire. On touche là aux limites de la poésie comme langage, c'est-à-dire comme moyen de communication : à quoi bon dire l'indicible, quand le message est indéchiffrable ? De fait, Rimbaud s'est tu, Mallarmé s'est laissé entraîner par la fascination de la page blanche... Étroite est l'arête où se tient la poésie entre stérile clarté et mortelle obscurité.

18

Poésie et plénitude

Sujet

« La poésie est pour les poètes l'art de ne se priver de rien et, par cela même, de nous combler de tout » (J. Supervielle, *Naissances*).

Vous vous interrogerez sur la validité de cette formule au regard des œuvres poétiques que vous connaissez.

Dans ses *Médaillons et quelques portraits en pied,* Mallarmé écrivait, à propos de Victor Hugo, qu'il « fut le Vers personnellement ». Plus tard, Valéry fait écho à cette formule dans ses *Carnets,* en notant :

> V(ictor) H(ugo) : tout dire en vers
> S(téphane) M(allarmé) : ne rien dire qui ne soit vers.

Ces deux poètes, le maître et l'élève, semblent unanimes quant au jugement qu'ils portent sur Victor Hugo : il y a chez lui un besoin de totalité, une envie de relater chaque expérience poétique. Quand Jules Supervielle déclare que « la poésie est pour les poètes l'art de ne se priver de rien et, par cela même, de nous combler de tout », il dresse le portrait d'un poète qui profiterait effectivement de toute expérience poétique, qui userait de tout dans son entreprise créatrice.

La poésie est-elle alors, comme le prétend Supervielle, l'art de profiter de tout et donc de tout offrir au lecteur ? En ce cas le poète serait surtout un « expérimentateur », un homme cultivant une expérience originale et poétique ; on ne pourrait plus alors parler d' « art » essentiellement. Il semblerait que Supervielle soit donc trop peu nuancé : le travail de la forme, nécessaire à toute poésie est un travail de choix dans lequel le poète se doit de se priver. La poésie ne serait-elle pas finalement, pour les poètes, l'art de se priver et, pour les lecteurs, celui de ne se priver de rien ?

La poésie est l'art de profiter de toutes les expériences singulières ou même collectives, mais elle est aussi l'art de profiter des mots. Par cela même, elle constitue un enrichissement pour le lecteur.

Le poète est avant toute chose un homme singulier, fruit d'une culture et d'une époque. Dans *Les Contemplations,* Victor Hugo consacre nombre de poèmes à sa fille défunte, poèmes de tonalité lyrique, expressions d'une souffrance intérieure intense, de regrets aussi. Ainsi, dans ce poème, l'un des plus célèbres du poète :

Demain, dès l'aube, à l'heure où blanchit la campagne,
Je partirai. Vois-tu, je sais que tu m'attends.
J'irai par la forêt, j'irai par la montagne.
Je ne puis demeurer loin de toi plus longtemps.

Les Contemplations, IV, 14.

Néanmoins, contre cette effusion élégiaque, son recueil se clôt sur un texte quasi théorique, intitulé « Ce que dit la bouche d'ombre », texte qui explique la « source de l'inspiration » du poète :

Non, l'abîme est un prêtre et l'ombre est un poète.
Non, tout est une voix et tout est un parfum.

Le poète recueille ses propos dans la nature, à qui il confère une parole oraculaire, et il exprime encore ce besoin de totalité : « tout » est répété et appuyé par l'allitération en [t]. Pour un Lamartine : « La poésie sera intime surtout...

Ce sera l'homme lui-même [...], l'homme sincère et tout entier. » Ici, l'expérience poétique est recentrée sur l'homme et entend bien profiter de tous les « tumultes du cœur » (Vigny, « La maison du berger », *Les destinées*) :

Poésie ! ô trésor ! perle de la pensée !
Les tumultes du cœur, comme ceux de la mer,
Ne sauraient empêcher ta robe nuancée
D'amasser les couleurs qui doivent te former.
Mais sitôt qu'il te voit briller sur un front pâle,
Le vulgaire effrayé commence à s'effrayer.

Chez Mallarmé, la crise métaphysique survenue à Tournon est tout aussi profitable. « Je suis parfaitement mort », écrit-il à Cazalis. C'est qu'il a découvert le gouffre du Néant. Le poète se réfugie alors dans un profond repli sur soi, car il a perçu :

De l'éternel azur la sereine ironie

Il est encore ce malade, « las du triste hôpital », qui voit l'immensité bleue derrière la vitre de sa chambre. Et le repli sur soi devient un profond matérialisme :

Le ciel est mort – Vers toi, j'accours. Donne, ô Matière,
L'oubli de l'Idéal cruel et du péché.

« L'azur ».

Ce matérialisme est une rupture chez Mallarmé, rupture qui va profiter à toute son œuvre et le détacher d'un certain « baudelairisme ». Si les premiers poèmes de l'auteur sont encore empreints de l'esthétique du « Spleen » et de « L'Idéal », les « Fenêtres » marquent le passage, par la crise existentielle vécue et ressentie, à une poétique singulière – celle de la blancheur annonciatrice déjà du « sonnet allégorique de lui-même ».

On n'a évoqué ici que des expériences individuelles mais l'expérience poétique collective révèle aussi que la poésie est l'art de ne se priver d'aucune expérience. L'écriture automatique de Breton et Soupault dans les *Chants magnétiques,* les rêves de Desnos, les manifestes Dada, mais aussi la *Défense et illustration de la langue française* illustrent tous ce qu'affirmait Lautréamont : « La poésie doit être faite par tous, non pas un. »

Si la poésie est art de profiter de toutes les expériences, qu'elles soient douloureuses, intimistes, métaphysiques, collectives..., elle est aussi l'art de profiter des mots. Maurice Blanchot, dans *L'espace littéraire,* explique ainsi la création poétique chez Mallarmé comme la recherche d'un « langage essentiel », c'est-à-dire celle d'un langage qui s'écarterait à l'extrême de la réalité, qui « donner[ait] un sens plus pur aux mots de la tribu » (Mallarmé, *Crise de vers*). « Je dis : fleur ! », et doit surgir « l'absente de tout bouquet », la réalité la plus pure pusiqu'elle n'est rien. C'est ce même sentiment d'irréalité que cherche Mallarmé dans le « sonnet allégorique de lui-même » : le lexique est si complexe qu'il n'est plus référentiel et le sonnet tout entier est ressenti par le lecteur comme un « Aboli bibelot d'inanité sonore » :

Ses purs ongles très haut dédiant leur onyx,
L'Angoisse ce minuit, soutient, lampadophore,
Maint rêve verspéral brûlé par le Phénix
Que ne recueille pas de cinéraire amphore.

Sur les crédences, au salon vide : nul ptyx,
Aboli bibelot d'inanité sonore,
(Car le Maître est allé puiser des pleurs au Styx
Avec ce seul objet dont le Néant s'honore.)

Mais proche la croisée au nord vacante, un or
Agonise selon peut-être le décor
Des licornes ruant du feu contre une nixe,

Elle, défunte nue en le miroir, encor
Que, dans l'oubli fermé par le cadre, se fixe
De scintillations sitôt le septuor.

L'expérience poétique de Francis Ponge est aussi celle d'un poète profitant des mots. Chaque poème est une tentative de définition où la polysémie, la graphie, l'expression usuelle, les condensations de mots, les anagrammes sont mises à profit pour faire apparaître l'objet. Ponge lui-même jugeait, par exemple, que les mots VERRE D'EAU convenaient parfaitement à leurs significations : le V et le U sont les seules lettres à prendre la forme d'un verre, la symétrie centrale ERRE signifie bien le contenant et le contenu :

> Le mot VERRE D'EAU serait en quelque façon adéquat à l'objet qu'il désigne... Commençant par un V, finissant par un U, les deux seules lettres en forme de vase ou de verre. Par ailleurs, j'aime assez que dans VERRE, après la forme (donnée par le V), soit donnée la matière par les deux syllabes ER RE, parfaitement symétriques comme si, placées de part et d'autre de la paroi de verre, l'une à l'intérieur, l'autre à l'extérieur, elles se reflétaient l'une en l'autre. Le fait que la voyelle utilisée soit la plus muette, la plus grise, le E, fait également très adéquat. Enfin, quant à la consonne utilisée, le R, le roulement produit par son redoublement est excellent aussi, car il semble qu'il suffirait de prononcer très fort ou très intensément le mot VERRE en présence de l'objet qu'il désigne pour que, la matière de l'objet violemment secouée par les vibrations de la voix prononçant son nom, l'objet lui-même vole en éclats. (Ce qui rendrait bien compte d'une des principales propriétés du verre : sa fragilité.)
>
> *Le Grand Recueil.*

Derrière la surface du verre, il faut aussi entendre la musicalité du « vers ». Le poète, qu'il soit Mallarmé, Ponge ou tout autre, fait donc l'expérience des mots, profite de leurs possibilités.

Le poète, si son art se limite au fait de profiter de tout, est donc avant tout une « expérimentateur ». Il est, selon Rimbaud, le « voleur de feu », et le mythe de Prométhée lui convient : il doit en effet éclairer ceux à qui il s'adresse, les combler dans la totalité de son expérience :

> Donc le poète est vraiment voleur de feu.
>
> Il est chargé de l'humanité, des *animaux* même ; il devra faire sentir, palper, écouter ses inventions ; si ce qu'il rapporte de *là-bas* a forme, il donne forme ; si c'est informe, il donne de l'informe. trouver une langue.
>
> Lettre à Paul Demeny du 15 mai 1871.

Qu'il soit prophète ou qu'il se fasse voyant, le poète est « en avant », « multiplicateur de progrès », chargé d'annoncer au monde les fruits de ses découvertes, dicibles ou ineffables. Son art consiste alors à enrichir le lecteur par son expérience. Même si, certains prennent aussi le parti de profiter des mots, il semblerait que Supervielle considère le langage poétique, c'est-à-dire l'expérience en elle-même du poète, comme prédominant et uniquement indispensable : le parti pris des mots est donc pour lui davantage un parti pris des choses. La fonction du langage poétique est alors seconde, ou tout au moins ludique.

Comme l'affirme Supervielle, la poésie semble bien être l'art de ne se priver de rien, de profiter de tout. C'est du moins ce dont témoignent la multiplicité des expériences poétiques, qu'elles soient individuelles ou collectives, et l'usage des mots et de leurs possibilités. Le poète dont l'expérience fait la singularité permet alors l'enrichissement du lecteur. Néanmoins, une expérience ne suffit pas pour faire un poète, même si elle est expérience du monde et des mots. Le poète est avant tout un artisan de la forme, et Supervielle est trop catégorique. Si « le poète ne se prive de rien », alors il n'y a pas d'art de la poésie, puisque naturellement l'artiste est d'abord artisan. Le poète doit donc se priver, car il doit choisir dans son expérience la matière qu'il prendra pour objet, et la forme qu'il lui donnera : rendre le tout est impossible. Le poète est celui qui refuse la facilité par le travail sur la forme.

Il paraît tout d'abord indiscutable que toute tentative pour exprimer la totalité d'une expérience serait vaine. On peut, à titre d'exemple, penser à l'échec du « Grand Œuvre » de Mallarmé qui fut, déjà bien avant sa mort, considéré davantage comme un rêve qu'un but à atteindre. De ce rêve de fusion du monde dans sa totalité restent des cahiers difficilement compréhensibles, témoins d'un avortement. On peut aussi reprendre cette distinction opérée par Valéry : il est évidemment impossible de « tout dire en vers », puisque l'on ne peut jamais tout dire, mais il est possible, par contre, de « ne rien dire qui ne soit vers ». Dans cette alternative, on voit le gouffre qui sépare la fluidité surabondante d'un Hugo de la stérilité d'un Mallarmé. Stérilité qui suppose un gigantesque travail de création : « Il ne s'agit jamais pour un poète de dire *qu'il pleut* – mais de *créer la pluie* » (Valéry, *Cahiers*). Il faut donc « peindre non la chose mais l'effet qu'elle produit »

(Mallarmé, *Lettre à Cazalis*). Cette création du poète est évidemment à l'inverse d'une tentative « totalisante ». Ne reste souvent du mouvement propre à l'inspiration qu'un avorton, ce dont témoigne « Don du poème » :

Je t'apporte l'enfant d'une nuit d'Idumée !
Noire, à l'aile saignante et pâle, déplumée,
Par le verre brûlé d'aromates et d'or,
Par les carreaux glacés, hélas ! mornes encor,
L'aurore se jeta sur la lampe angélique.

Si l'on considère la poésie comme l'art de créer un effet *(poïésis)*, le poète doit nécessairement se priver et opérer un choix dans son expérience, d'abord, mais aussi dans sa forme.

Le poète doit en effet se heurter au choc sidéral des mots, travailler la forme, car il refuse l'aisance, l'effet facile :

Oui, l'œuvre sort plus belle
D'une forme au travail
    Rebelle,
Vers, marbre, onyx, émail.

Point de contraintes fausses !
Mais que pour marcher droit
    Tu chausses,
Muse, un cothurne étroit.

Théophile Gautier, « L'Art », *Émaux et Camés.*

Le poète est artisan avant que d'être « expérimentateur », son expérience première est celle du langage. Aussi profiter de tout signifierait accepter l'inutile, le facile. Tout ce qui ne suppose pas l'usage de son métier d'artisan. Baudelaire l'annonçait aussi :

Les poëtes, devant mes grandes attitudes,
Que j'ai l'air d'emprunter aux plus fiers monuments,
Consumeront leurs jours en d'austères études ;

Car j'ai, pour fasciner ces dociles amants,
De purs miroirs qui font toutes choses plus belles :
Mes yeux, mes larges yeux aux clartés éternelles !

« La Beauté », *Les Fleurs du mal.*

Gautier et Baudelaire usent tous deux de la métaphore de la sculpture qui est, sans doute, l'art où la matière est la plus résistante et nécessite de l'usage avant que du génie. La poésie est donc l'art de se priver de la facilité, de l'inutilité. Valéry a sans doute jugé le génie de Mallarmé dans cette perspective : Mallarmé est pour lui l'idéal du poète parce que stérile, c'est-à-dire parce que refusant constamment ce qui ne lui paraît pas parfait.

Même si la poésie est alors l'art de refuser, le lecteur n'en est pas moins comblé. D'abord parce que l'expérience poétique transposée dans l'espace du poème est affinée, toute tendue vers son « effet ». À titre d'exemple, le sonnet de Mallarmé « Renouveau », où le poète ne s'étend pas sur la description du « printemps maladif », ni sur le départ de « l'hiver lucide, saison de l'art serein », mais évoque l'effet du printemps sur la création poétique :

Le printemps maladif a chassé tristement
L'hiver, saison de l'art serein, l'hiver lucide,
Et, dans mon être à qui le sang morne préside
L'impuissance s'étire en long bâillement.

Des crépuscules blancs tiédissent sous mon crâne
Qu'un cercle de fer serre ainsi qu'un vieux tombeau,
Et, triste, j'erre après un rêve vague et beau,
Par les champs où la sève immense se pavane.

Puis-je tombé énervé de parfums d'arbres, las,
Et creusant de ma face la fosse de mon rêve,
Mordant la terre chaude où poussent les lilas,

J'attends, en m'abîmant que mon ennui s'élève...
— Cependant l'Azur rit sur la haie et l'éveil
De tant d'oiseaux en fleur gazouillant au soleil.

Même si ce texte n'est pas comparable à d'autres poèmes plus « métaphysiques », il évoque néanmoins les crises de Tournon avec précision. De plus, la recherche de la forme, le travail du vers sont aussi à l'origine du plaisir du lecteur, de son enrichissement :

Le poème doit être une fête de l'intellect (Valéry, *Cahiers*).

Aussi le lecteur admire-t-il une certaine maîtrise technique, qui n'est certes pas tout, mais qui permet de réaliser pleinement l'effet du poème. Le lecteur n'est pas, comme le dit Supervielle, comblé de tout, mais comblé d'un tout, c'est-à-dire d'une entité alliant une maîtrise formelle à une grande sensibilité poétique.

Profiter de tout est une entreprise vaine, mais choisir une impression, une sensation, une expérience poétique précise et la fixer dans l'espace du langage, voilà qui comble le lecteur, le ravit et l'enrichit. la création artistique, celle d'un poème, est l'art de se priver. En soulignant les deux aspects de la poésie (la poésie-création et la poésie-destination), Supervielle nous invite, en réalité, à un renversement. Le poète se doit de travailler et de se priver : qu'en est-il du lecteur ? Il semble qu'au travail de l'auteur corresponde un travail du lecteur, qui, lui, ne se priverait de rien.

Le poète et le « nous » dont parle Supervielle ont tout d'abord tout lieu d'être identifiés, dans la mesure où Supervielle est lui-même un poète ; il s'inclut alors dans le « nous », c'est-à-dire les destinataires de la poésie. Le lecteur est ainsi cet « Hypocrite lecteur, mon semblable, mon frère ! » (Baudelaire, « Au lecteur », *Les Fleurs du Mal*). Cette identification est par ailleurs justifiée puisqu'il aurait un certain travail du lecteur.

Partons une fois encore d'une note de Valéry, extraite des *Cahiers* : « La poésie est l'art de parler pour ne rien dire mais pour tout suggérer. » C'est donc au lecteur de ressentir ces suggestions. On peut ainsi revenir sur le jugement de Supervielle : la poésie est l'art de se priver, car elle ne peut tout dire, mais aussi parce qu'elle doit tout suggérer. Dans un poème, comme dans tout texte littéraire, le lecteur est actif, déborde ce qui est dit. Tout dire reviendrait, de fait, à s'exprimer dans le vide d'un lecteur inopérant, comme absent à sa propre activité de lecteur. Verlaine donne peut-être un des meilleurs exemples de ce pouvoir suggestif :

Votre âme est un paysage choisi
Que vont charmant masques et bergamasques
Jouant du luth et dansant quasi
Tristes sous leurs déguisements fantasques.

Tout en chantant sur le mode mineur [...]
Ils n'ont pas l'air de croire à leur bonheur
Et leur chanson se mêle au clair de lune.

« Clair de lune », *Fêtes galantes.*

Ici, les suggestions visuelles et auditives sont multiples, et le lecteur ressent fortement le son étouffé du « mode mineur », d'un chant qui se mêle à la lune. Comparable en cela à la sonate opus 27 n° 2 de Beethoven, la fameuse « Clair de lune », écrite en Do dièse mineur, tonalité triste et sourde. Autant le paysage de Verlaine est un « paysage choisi », autant les suggestions, les rêveries qui en découlent sont illimitées. Le travail du lecteur consiste à utiliser le pouvoir suggestif du poème au maximum.

Pouvoir qui excite l'imaginaire, un imaginaire comblé. Jean-Pierre Richard, dans son *Univers imaginaire de Mallarmé,* a cherché, après une lecture passionnée de l'œuvre du poète, les motifs récurrents et leurs associations dans l'imaginaire du lecteur. Malgré le caractère brillant de l'essai, difficile alors de délimiter ce qui effectivement constitue l'univers de Mallarmé, de ce qui fait celui du critique à la lecture du poète. Si tel est le cas, lire est une invitation à écrire : « Le poète est bien plus celui qui inspire que celui qui est inspiré », nous dit Paul Éluard.

Si l'on avait considéré la poésie comme étant, pour les poètes, l'art de ne se priver de rien, l'expression eût été ambiguë, car la notion d'« art » subsumait nécessairement un travail de la forme, qui implique une privation nécessaire. La poésie est alors plutôt l'art de se priver, l'art de ne pas vouloir tout dire pour pouvoir mieux dire. Pour tout suggérer. C'est peut-être l'oubli de Supervielle car cette indispensable suggestion nécessite le « travail » du lecteur, qui n'est plus « comblé » mais participe activement à son enrichissement. Aussi ce détour par la position du lecteur nous permet d'affiner notre jugement. Il faut renverser celui de Supervielle : si l'art de ne se priver de rien définit la poésie, alors, par cela même, le lecteur ne peut être comblé puisqu'il est inactif, inopérant. Tout dire reviendrait simplement à n'écrire pour personne, à exclure le lecteur de l'espace littéraire. C'est bien, une fois encore, la preuve que la poésie se construit sur un refus, l'acceptation d'une certaine stérilité. Presque un sacerdoce.

BIBLIOTHÈQUE MAJOR

BACHOFEN Blaise – Premières leçons sur le *Discours sur l'origine et les fondements de l'inégalité parmi les hommes* de Jean-Jacques Rousseau

BILEMDJIAN Sophie – Premières leçons sur *L'existentialiste est un humanisme* de Jean-Paul Sartre

BLOCKER Deborah – Premières leçons sur les *Fables* de La Fontaine (2e éd.)

BONAN Ronald – Premières leçons sur l'*Esthétique* de Merleau-Ponty

BONNEWITZ Patrice – Premières leçons sur *La sociologie* de Bourdieu (2e éd.)

CAVALLIER François – Premières leçons sur *L'Œil et l'Esprit* de M. Merleau-Ponty

CAVALLIER François – Premières leçons sur *La Raison dans l'histoire* de Hegel

CLAVIER Paul – Premières leçons sur *La Critique de la raison pure* de Kant

COBAST Éric – *Mythologies* de Roland Barthes. Premières leçons

COBAST Éric – Premières leçons sur *Les Fleurs du mal* de Baudelaire

COLARD Jean-Max – Premières leçons sur *La Vie est un songe* de Calderón (2e éd.)

COUDREUSE Anne – Premières leçons sur *La Chute* d'Albert Camus (2e éd.)

COULEAU Christelle – Premières leçons sur *Les Illusions perdues,* un roman d'apprentissage

DELAVEAU Philippe – Premières leçons sur *Éthiopiques* de Léopold Sédar Senghor

DEMORAND Nicolas – Premières leçons sur le roman d'apprentissage

DEMORAND Nicolas – Premières leçons sur *Ruy Blas* de Victor Hugo (2e éd.)

DERON Daphné – Premières leçons sur *Lancelot ou Le Chevalier de la Charrette* de Chrétien de Troyes (2e éd.)

DUBOIS Michel – Premières leçons sur *La sociologie* de Raymond Boudon

DUMONT Jean-Noël – Premières leçons sur l'*Apologie de Socrate* de Platon

DUMONT Jean-Noël – Premières leçons sur *Les Pensées* de Blaise Pascal

DUMONT Jean-Noël – Premières leçons sur le *Manifeste du Parti communiste* de Marx

FERRIGNAUD Jean-Louis – *Nadja* de Breton. Premières leçons
FERRIGNAUD Jean-Louis, GROUIX Pierre – Premières leçons sur *Le joueur d'échecs* de Stefan Zweig
GENGEMBRE Gérard – Premières leçons sur le drame romantique
GERBIER Laurent – Premières leçons sur le *Traité des principes de la connaissance humaine* de George Berkeley
GOBRY Ivan – Premières leçons sur le *Phédon* de Platon
GOURINAT Jean-Baptiste – Premières leçons sur le *Manuel* d'Épictète avec le texte intégral
GUIGUE Arnaud – Premières leçons sur l'*Éthique à Nicomaque* d'Aristote
HERVOUËT François-Xavier – La poésie
LAIZÉ Hubert – Premières leçons sur *Électre* de Jean Giraudoux (4e éd.)
LAUPIES Frédéric – Premières leçons de philosophie (3e éd. mise à jour)
LAUPIES Frédéric, KERMEN Denis – Premières leçons sur le pouvoir
LEFEBVRE Brigitte, LORENCEAU Dominique – Premières leçons sur *De natura rerum* de Lucrèce (Livre I, vers 1-634)
LELIÈPVRE-BOTTON Sylvie – Premières leçons sur *Le Gorgias* de Platon
LHOSTE-NAVARRE Martine – Premières leçons sur *Le Banquet* de Platon
MAIGNÉ Carole – Premières leçons sur la *Monadologie* de Leibniz
MARCANDIER-COLARD Christine – Premières leçons sur le conte voltairien
MARCANDIER-COLARD Christine – Premières leçons sur *Le Père Goriot,* un roman d'apprentissage
MARCANDIER-COLARD Christine – Premières leçons sur *Les Châtiments* de Victor Hugo
MARÉCHAUX Pierre – Premières leçons sur *Lettres à Lucilius* de Sénèque
MARÉCHAUX Pierre – Premières leçons sur *La Deuxième Tusculane* de Cicéron
MARÉCHAUX Pierre – Premières leçons sur les *Métamorphoses* d'Ovide
MARÉCHAUX Pierre – Premières leçons sur les recueils de poésie française des XIXe et XXe siècles
MERCOYROL Yannick – Bibliothèque du littéraire
MERCOYROL Yannick, ROBERT Richard – Premières leçons sur *La Condition humaine* d'André Malraux (3e éd.)
MILLET Louis – Premières leçons sur l'*Éthique* de Spinoza
MOURRAL Isabelle – Premières leçons sur *La Conscience et la vie* de Bergson (2e éd.)
OTTAVIANI Didier – Premières leçons sur les trois *Lettres* d'Épicure
POUSSARD Alain – Premières leçons sur *Méditations métaphysiques* de Descartes

POUSSARD Alain – Premières leçons sur *Le Discours de la méthode* de Descartes
QUESNEL Alain – Premières leçons sur les *Confessions* de Jean-Jacques Rousseau
QUESNEL Alain – Premières leçons sur la tragédie racinienne
QUESNEL Alain – Premières leçons sur *Le Rouge et le Noir,* un roman d'apprentissage
QUESNEL Alain – Premières leçons sur les romans de Maupassant
QUESNEL Alain – Premières leçons sur *Les Fleurs bleues* de Raymond Queneau
RIUTORT Philippe – Premières leçons de sociologie
ROBERT Richard – Premières leçons sur le mythe antique dans le théâtre contemporain
ROBERT Richard – Premières leçons sur les rapports entre maîtres et valets dans la comédie du XVIIIe siècle
ROBERT Richard – Premières leçons sur le mythe de Tristan
ROBERT Richard – Premières leçons sur *Si c'est un homme* de Primo Levi
ROBERT Richard – *Supplément au voyage de Bougainville* de Diderot. Premières leçons
ROCHE Bruno – Premières leçons sur *Crépuscule des idoles* de Nietzsche
ROCHE Bruno – Introduction à la philosophie des sciences
VALTAT Jean-Christophe – Premières leçons sur *L'Éducation sentimentale,* un roman d'apprentissage
VALTAT Jean-Christophe – Premières leçons sur *L'Espoir* d'André Malraux
VILLANI Jacqueline – Premières leçons sur *Une partie de campagne* de Maupassant
VINOGRADOVA Anastasia – Premières leçons sur *Nouvelles de Saint-Pétersbourg* de Gogol

Imprimé en France
par Vendôme Impressions
Groupe Landais
73, avenue Ronsard, 41100 Vendôme
Août 2003 — N° 50 441